Eine nachhaltige Wirtschaft
als europäische Vision

Michael Weiler

Eine nachhaltige Wirtschaft als europäische Vision

Für eine Gründerkultur, in der Gründer
und Künstler zusammenarbeiten

Bibliografische Information der Deutschen Nationalbibliothek
Die Deutsche Nationalbibliothek verzeichnet diese Publikation
in der Deutschen Nationalbibliografie; detaillierte bibliografische
Daten sind im Internet über http://dnb.d-nb.de abrufbar.

© 2015 Michael Weiler
Logo der Titelgrafik von Michael Weiler
Herstellung und Verlag:
BoD – Books on Demand, Norderstedt
ISBN 978-3-7386-3439-7

Weiterführende Informationen unter:
ideenunternehmer.net

*»Wir möchten Baden-Württemberg unter den Bundeslän-
dern zum Modell ökologisch orientierten Wirtschaftens
machen.«* [1]

Winfried Kretschmann Regierungserklärung 2011

Wie können wir eine Gründerkultur schaffen, in der Gründer und Künstler zusammenarbeiten?

Dieses Buch folgt einer Vision, in der eine Gründerkultur zugleich Keimzelle und Motor einer nachhaltigen Wirtschaft ist. Einer Wirtschaft, in deren Organisationen der Entrepreneur eine zentrale Rolle spielt. Die Rede ist von Organisationen, die nicht gegen den Wandel kämpfen, sondern ihn als normal betrachten. Innovation muss in dieser neuen Art von Organisationen ein normaler Vorgang sein.

Im ***Verhältnis zwischen Künstlern und Unternehmern*** stoßen wir auf zwei grundsätzliche Probleme: Zum Ersten sind sich die Künstler ihrer Schlüsselposition in Bezug auf eine nachhaltige Wirtschaft heute kaum bewusst und zum Zweiten werden sie von Unternehmern nicht genügend ernst genommen.

Dabei sind es die Künstler, die neue Aufgabengebiete zuerst für sich und dann für andere Branchen erschließen können. Keine andere Berufsgruppe ist so elementar auf ihren Instinkt für Veränderungen angewiesen, um erfolgreich zu sein. Zum einen will dieser Text interessierte Künstler auffordern, auf innovative Unternehmer und Unternehmensgründer zuzugehen und diese als Kooperationspartner zu betrachten. Zum anderen will dieser Text der Forderung nach einer Innovationspolitik in Deutschland Nachdruck verleihen: Einer Politik, die aufhört zu konservieren, was sich überlebt hat und anfängt, kleine innovative Unternehmen und Kleinunternehmer zu fördern. Für ein besseres Verhältnis zwischen Künstlern und Unternehmern sprechen zwei Argumente:

Erstens: Nirgends kommen sich Künstler und Gründer näher als im Bereich Innovation. Sowohl der Erfinder einer technischen Neuerung bzw. Verfahrensweise, als auch der Künstler sind schöpferisch tätig. Das heißt, beide bringen etwas in die Welt, das vorher in dieser Form noch nicht existiert hat. Bisher wurde jedoch zu wenig darüber nachgedacht, ob sich Künstler und Innovatoren in diesem Bereich nicht auch **ergänzen** können.

Zweitens: Innovative Unternehmer und Künstler sind beide auf ein Klima angewiesen, in dem sich neue Ideen gut umsetzen lassen. ***Beide Gruppen profitieren von einem innovationsfreundlichen Klima.*** Ebenso leiden beide Gruppen unter einem innovationsfeindlichen Klima, wie wir es heute in Deutschland vorfinden. Aus der Sicht der Künstler ergeben sich folgende Fragen, die auch die Unternehmer betreffen:

- *Wie muss eine Innovationspolitik im Sinne der Kreativen gestaltet sein?*
- *Wie lässt sich eine Brücke zwischen Künstlern und kreativen Unternehmern bauen?*
- *Was ist ein innovationsfreundliches Klima?*

Den Ursachen der deutschen Innovationsfeindlichkeit weicht das Buch nicht aus. In einem Rückblick wird die Epoche der Innerlichkeit beleuchtet, die ein Verständnis für die heutigen Probleme ermöglicht.

Inhalt

Erster Teil
Künstler und Erfinder

1. Nur eines ist sicher: Alles ändert sich!

Menschen sind Lebewesen und sie reagieren auf Veränderungen. Diese Reaktionen sind so *unterschiedlich* wie die Menschen selbst. Manche Reaktionen erweisen sich als richtig, andere als falsch. Kommen Veränderungen schnell und unerwartet, können sie für eine Spezies tödlich sein. Die Dinosaurier, die heute nur noch in Büchern und Filmen lebendig sind, haben die Veränderungen nicht überlebt.

Wir Menschen aber sind anders: Wir haben die Möglichkeit, uns auf anstehende Veränderungen vorzubereiten. Wir können Strategien entwickeln, um Veränderungen zu bewältigen. Es gibt zwei Berufsgruppen, die elementar mit Veränderungen zu tun haben. Beide Gruppen reagieren vollkommen unterschiedlich darauf. So unterschiedlich, dass sie bis heute wenig voneinander wissen: die Künstler und die Erfinder.

Die folgende Geschichte stellt eine Einführung ins Thema dar.

Die Insel der lieblichen Vögel

Es war einmal eine Insel mitten im Meer. Darauf lebten 99 Einheimische und ein König.

Allen ging es wunderbar, denn sie lebten sehr gut vom Tourismus.

Es gab ein einziges Unternehmen auf der Insel. Dieses versorgte die Touristen mit strandnahen Hütten, mit Speisen und Unterhaltung.

Eines Tages kam ein Schriftsteller auf die Insel. Er hielt einen Vortrag über den Klimawandel und behauptete, dass die Insel der lieblichen Vögel bald im Meer versinken würde. Diese Vorstellung bedrückte die Inselbewohner. Daraufhin lud der König den Autor in seine königliche Hütte ein und gab ihm einen Umschlag mit Geld für weitere Forschungsarbeiten. Der König stellte nur eine Bedingung: Der Autor durfte nie wieder einen Vortrag auf der Insel der lieblichen Vögel halten!

Solche Behauptungen, selbst wenn sie wahr seien, beunruhigen die Einwohner und am Ende auch die Touristen. Glücklicherweise verdrängten bald die Sorgen des Alltags die beschriebene Apokalypse.

Doch ein halbes Jahr später erregte eine Kunstmalerin Aufsehen. Sie stellte Bilder aus, die zeigten, wie die Insel vom Meer verschluckt wurde. Der König schenkte der Künstlerin eine Hütte. Diese befand sich auf dem Hügel der widerlichen Kröten. Dort, in dem alten Vulkan, lebten die Schwefelkröten, die so ekelerregend waren, dass sich niemals jemand in dieser Gegend aufhielt. Dort würde die Malerin vorerst niemanden mehr erschrecken können.

Bald waren wieder alle glücklich. Nur der König blieb nachdenklich, weil er nicht wusste, ob die Künstlerin dort bliebe. Bald darauf kam dem König zu Ohren, dass ein Schreiner seine Strandhütte auf hohe Pfähle gestellt hatte. Wieder wurden die Einheimischen an den Vortrag erinnert, den sie lieber vergessen wollten. Nun wusste der König, dass er gründlicher nachdenken musste. Das konnte er am Besten, wenn er sich in seiner Sänfte herumtragen ließ und ab und zu seinen Fuß ins Meer tauchte. Alle hielten das für eine Marotte, aber die Wahrheit war, dass ihm auf diese Art die besten Einfälle kamen. Wenn die Probleme groß waren, ließ er sich einmal um die ganze Insel tragen. Der Wind und das Meer, so besagt es ein alter Brauch, würden dem König zuflüstern, was zu tun sei. Doch auch nach der dritten Runde um die Insel sagten weder der Wind noch das Meer irgendetwas zum König. Trotzdem ließ sich der König nicht beunruhigen. Bei großen Veränderungen, hatte ihn sein Vater gelehrt, liegt in der Ruhe die eigentliche Kraft.

Eines Nachts jedoch erwachte der König in Schweiß gebadet. Ein schrecklicher Albtraum hatte ihn heimgesucht. In diesem Traum lebten nur noch die Schwefelkröten auf der Insel der lieblichen Vögel.

Am Tag darauf rief er den erfinderischen Schreiner und die Malerin in die königliche Hütte.

Er sagte zu ihnen: »Du, Malerin, wirst mit dem Schreiner zusammen eine königliche Hütte entwerfen, die auf hohen Pfählen steht, jedoch nicht hässlich, sondern prächtig ist.«

Als die Malerin und der erfinderische Schreiner an die Arbeit gingen, bemerkten sie, dass sie sich gut ergänzten. So war es der Schreiner, der der Malerin vorschlug, die Pfähle mit Vogelmotiven zu verzieren. Als die Hütte des Königs fertig war, schüttelten alle Bewohner den Kopf. Doch einige Wochen später bekamen der erfinderische Schreiner und die Malerin neue Aufträge.

Wenn es jetzt angesagt war, dass man Hütten auf Pfählen baut, sagten sich einige Bewohner, dann wollen sie es dem König gleichtun.

Außerdem waren die Vögel auf den Pfählen schön anzusehen und bei den Touristen beliebt. Die Nachfrage nach den hübschen und sicheren Hütten wuchs. Da der Schreiner und die Malerin die Arbeit nicht mehr alleine bewältigen konnten, mussten weitere Schreiner und Kunsthandwerker eingestellt werden.

Auch der König beauftragte weitere Unternehmer. Kaum ein Jahr später gab es überall auf der Insel Hütten, die auf Pfählen standen.

Der König aber erinnerte sich an seinen Traum und ließ sich hinauf zum Hügel der widerlichen Kröten tragen. Dort hielt er eine Dankesrede an die Schwefelkröten: »Durch euch ist mir klar geworden, dass die Anpassung auch an widerliche Umstände zum Überleben einer Spezies beiträgt. Nur durch euch erkannte ich, dass ihr und die Natur auch ganz ohne uns Menschen auskommt. Nicht die Natur wird sich an uns anpassen, sondern wir müssen uns an die Natur anpassen. So wie ihr Kröten gelernt habt, euch an den Vulkan anzupassen, müssen wir Menschen, wenn wir überleben wollen, anfangen, uns zu verändern!«

Kaum eine Woche später kam ein großer Sturm. Fast die ganze Insel wurde überflutet. Glücklicherweise überlebten die meisten Einwohner und Touristen, weil die Pfahlhütten, die jetzt überall auf der Insel viele Nach-

ahmer gefunden hatten, ausreichenden Schutz boten. Von nun an rief der König in jedem Jahr eine Versammlung ein. Er lud Schriftsteller, Erfinder und Künstler ein, um sich über Fragen der Zukunft auszutauschen. Die besten Ideen wurden immer mit einer goldenen Kröte belohnt.

Ende

Konservative und verändernde Kräfte. Eine Insel und eine Organisation haben etwas gemeinsam: Sie bilden eine Welt für sich, die von Außenstehenden nicht leicht verstanden wird.

Während eine Insel vom Meer begrenzt ist, werden Organisationen von Ideen zusammengehalten. ***Organisationen sind Verkörperungen von Ideen.***

Eine Partei verkörpert zum Beispiel eine politische Idee. Ebenso eine Gewerkschaft: Sie ist geprägt von der Idee, Schutz vor unternehmerischer Ausbeutung zu bieten. Der Lebensnerv einer Hilfsorganisation ist die Idee, den Schaden einer Katastrophe zu mildern oder durch entsprechende Vorbereitung zu vermindern. Wo immer heute Veränderungen umgesetzt werden sollen, wird immer eine Organisation im Spiel sein. Entweder geht es um die Bewältigung von Veränderungen ***innerhalb*** einer Organisation, oder um die Umsetzung von Veränderungen ***zwischen*** Organisationen. Die dritte Möglichkeit ist die ***Neugründung*** einer Organisation.

Um leichter verstehen zu können, was sich beim Eintritt von Veränderungen innerhalb einer Organisation abspielt, übertragen wir die Situation der Insel auf eine Organisation. Auch in Organisationen gilt, was am Anfang gesagt wurde: Menschen reagieren unterschiedlich auf Veränderungen!

Verfolgen wir, wie sich die Veränderungen auf der Insel vollzogen haben und wie die ***unterschiedlichen Reaktionen*** der Bewohner darauf sind:

Zuerst hat ein Autor die Auswirkungen des Klimawandels auf die Insel ***beschrieben***. Anschließend hat eine Kunstmalerin die Folgen dieser Auswirkungen für die Insel ***visualisiert***.

Der erfinderische Schreiner reagierte auf diese »Visionen« *pragmatisch.*

Die Mehrheit der Bevölkerung nahm diese ersten drei Reaktionen weitgehend als Störung wahr. Sie ignorierten die Botschaft der Bedrohung, weil ihre wirtschaftliche Existenz ganz konkret bedroht war, während der Klimawandel und ein Untergang der Insel weniger leicht vorstellbar waren.

Wir wissen: Die Inselbewohner lebten vom Tourismus. Die Idee, die ihre ökonomische Basis darstellte, lautet: »Wir ermöglichen unseren Gästen einen sorglosen, unbeschwerten Urlaub«. Diese Idee wurde nun von drei Seiten infrage gestellt: vom Autor, von der Künstlerin und vom erfinderischen Schreiner. Denn: Die Idee, Gästen einen sorglosen und unbeschwerten Aufenthalt zu ermöglichen, vertrug sich nicht mit der Botschaft: »Unsere Insel ist bedroht!«

Nun kam dem steuernden Herz der Insel, dem König, eine schwierige Aufgabe zu: An ihm lag es nun, *konservative Kräfte* und *verändernde Kräfte* in ein Gleichgewicht zu bringen. Dem König war bewusst, dass sich gerade wegen dieser Bedrohung die Sehnsucht nach Stabilität verstärken würde. Er musste handeln!

Darum war sein erstes Anliegen, eine Strategie zu finden, die nicht die Ängste der Bevölkerung verstärkte. Es mussten Wege aufgezeigt werden, die ihren Tatendrang lenkten. Die Strategie des Königs bestand aus drei Schritten und lässt sich in der Kurzform so beschreiben:

Schritt 1: Analysiere die Situation und entwickle einen konkreten Plan.
Schritt 2: Aktiviere die *verändernden Kräfte* und schaffe die Bedingungen, sodass sich diese Kräfte bündeln und ergänzen.
Schritt 3: Schaffe ein inspirierendes Modell, das von den Bewohnern als Chance und nicht als Bedrohung wahrgenommen wird.

Kreativität: Es gibt zwei viel gebrauchte Begriffe, die von einem konkreten Ziel losgelöst so gut wie nichts aussagen: »Kreativität« und »Innovation«.

Sie sind ohne einen Kontext Worthülsen, die ganze Armeen von Gespenstern verbergen. Erst wenn wir fragen: Worauf zielt die Kreativität? Worauf zielt die Innovation? erschließt sich eine inhaltliche Aussage. Mit diesen Begriffen verhält es sich wie mit der Werbung für den Werkstoff Beton: »Es kommt darauf an, was man daraus macht!« Es ist ein Unterschied, ob wir an einer Innovation in der Bombentechnologie basteln, oder ob wir unsere Kreativität dafür einsetzen, dass die Anwendung einer solchen Innovation verhindert wird.

In der Wirtschaftsliteratur gibt es den Begriff der »kreativen Zerstörung«. Gemeint ist damit die Veränderung bestehender Strukturen. Hier ist die Wirkung nicht für alle von Vorteil. Bei einem Strukturwandel treten für manche Branchen schmerzhafte Umbrüche ein. So hat die kreative Zerstörung, die das Internet mit sich bringt, heute ein Zeitungssterben ausgelöst.

Im Zusammenhang mit den Künstlern und Erfindern ist die Frage aufschlussreich: Worauf zielt die Kreativität der Künstler? Worauf zielt die Kreativität der Praktiker? Wir stoßen hier auf bedeutende Unterschiede:

Die Kreativität der Künstler zielt auf eine Erweiterung des Bewusstseins beim Publikum. Wenn ich Publikum sage, so kann damit die gesamte Menschheit gemeint sein. In unserem Insel-Beispiel hat der Autor die Bedrohung der Insel durch den Klimawandel beschrieben. Die Kunstmalerin hat die Auswirkungen der Insel visualisiert.

Obwohl beide Künstler in unterschiedlichen Medien arbeiten, haben sie dieselbe Botschaft vermittelt: »Die Insel ist bedroht!« Künstler arbeiten mit verschiedenen Medien und immer geht es darum, eine geeignete Sprache zu finden, um die Botschaft zu transportieren. Manchmal müssen die Künstler eine völlig neue Sprache erfinden, um sich ausdrücken zu können: Formen-Sprache, Zeichen-Sprache oder eine neue Stilart innerhalb der Literatur.

Das Thema des Künstlers ist nicht von vorneherein klar definiert. Er begegnet seinem Unterbewusstsein und versucht es, zu erforschen. Das heißt, ein Künstler ist in der Lage, durch seine Ausdruckmittel Fragmente

     Erster Teil

aus seinem Unterbewusstsein sichtbar zu machen. Denn: Manchmal wollen die Künstler etwas sagen, was auch das Publikum bereits – unbewusst – weiß.

Der Gitarrist der Rolling Stones, Keith Richards, hat es so ausgedrückt: *»Es geht nicht um das, was wir wissen, es geht um das, was wir nicht wissen – so entsteht unsere Musik«* [2] Das Publikum kann durch das Werk des Künstlers etwas wahrnehmen, was sich vorher seiner Wahrnehmung entzogen hat. Die Künstler sind sozusagen die Sinneszellen einer Gesellschaft. Sie sind in der Lage, etwas auszudrücken, was andere nicht wahrnehmen können. Sie übermitteln die wahrgenommene Information in Form von Medien.

Das eigentliche Produkt der künstlerischen Arbeit, die Botschaft, ist nicht greifbar. Sie ist abstrakter, geistiger Natur.

Die Kreativität vieler Erfinder zielt auf eine praktische Verbesserung, beispielsweise die Verbesserung eines Werkzeuges oder einer Verfahrensweise. Das Beispiel des erfinderischen Schreiners zeigt, dass der Erfinder auf etwas zurückgreift, was bereits da ist: Pfahlbauten gibt es schon sehr lange. Eine alte Technik ist seine Antwort auf eine aktuelle Bedrohung. Ähnlich dem Künstler reagiert der Erfinder auf eine bevorstehende oder bereits eingetretene Veränderung, wenn sich z. B. Werkstoffe verbessern oder sich eine neue Technologie verbreitet. Doch genau wie beim Künstler wird die Kreativität des Erfinders durch Veränderungen aktiviert.

Sehr oft hat die ursprüngliche Idee mit dem Endprodukt nichts mehr zu tun. So ist es für uns heute schwer nachvollziehbar, dass der motorisierte Individualverkehr auf eine Laufmaschine aus Holz zurückgeht, die den Zweck hatte, eine billigere Alternative zum Pferd darzustellen.

Durch eine Reihe von Missernten um 1812, die die Haferpreise für das Pferdefutter in die Höhe trieben, wurde die Kreativität eines badischen Forstmeisters aktiviert. Dieser steht wie kein Zweiter für die klassische Erfinderfigur. Karl Drais schuf eine Basis-Innovation, ohne die das Auto, wie wir es heute kennen, undenkbar gewesen wäre.

Das Laufrad, aus gut ausgetrocknetem Waldeschenholz gebaut, erreichte durch sein geringes Gewicht bis zu 14 km/h. Der Erfinder selbst erlebte die Weiterentwicklung seiner Erfindung nicht mehr. Die Serie von Missernten hatte nämlich 1817 ein Ende und das Fahrrad brauchte noch einige Zeit, um erfunden zu werden und Verbreitung zu finden.

Obwohl wir bei Karl Drais eine deutliche Lust am Spiel vermuten dürfen, war ein wesentlicher Impuls, kreativ aktiv zu werden, der Wunsch zu helfen. 1821 hatte er z.B. für den am grauen Star erblindeten Vater eine Schreibmaschine mit Tastatur erfunden.

Es ist dennoch kaum vorstellbar, dass alleine das Nützlichkeitsstreben dazu führte, ein Fuhrwerk zu halbieren, und sich selbst als Antrieb einzusetzen. Dass Menschen sich einmal auf zwei Rädern balancierend fortbewegen würden, war nicht von vornherein berechenbar. Hier waren Mut, Instinkt und Spieltrieb erforderlich. Drais führte sein Laufrad gerne vor und er hatte daran vermutlich schlicht seinen Spaß. Am Ende hat er sein Spiel auch gewonnen!

Möglicherweise weil er mehr am schöpferischen Prozess interessiert war, war Drais jedoch kein Unternehmer. Noch heute gibt es Menschen, die gut darin sind, Prototypen zu schaffen, aber keinen Ehrgeiz haben, aus einer Idee ein Unternehmen werden zu lassen. Ich denke, Drais war ein Mensch, der genau spürte, dass er Größeres in Gang gesetzt hatte. Wir wissen nicht, ob der junge Karl Benz den alten Drais irgendwo in Karlsruhe einmal gesehen hat. Aber die Erfindung des Autos wurde durch das Prinzip Laufrad inspiriert.

Der Forstmeister hatte also etwas in die Welt gesetzt, was einen fundamentalen Wandel auslöste. Doch nur wenige Innovationen lösen solche kulturellen Umwälzungen aus. *In den meisten Fällen machen sich Innovationen den Wandel zunutze.* Wir müssen uns also den Erfinder als Mensch vorstellen, der einen Prozess auslöst.

Innovation: Innovation bedeutet die Anwendung neuer Verfahren und Techniken. Diese Definition wird jedoch meistens zu einseitig interpretiert.

 Erster Teil

Man verbindet mit dem Wort »Innovation« eher technische Gegenstände wie z. B. ein Auto, ein Flugzeug oder einen Computer – anstatt mit Verfahrensweisen.

Es gibt bedeutende Innovationen, die mit konkreten Dingen so gut wie nichts zu tun haben.

Ein Beispiel für eine solche gesellschaftliche Innovation ist die Prägung des Wortes »Kindheit«. Der Begriff entwickelte sich in England und steht in enger Verbindung mit der Verbreitung des Buchdrucks. Wo die Lese- und Schreibfähigkeit einen Wert darstellte, entstanden Schulen. Wo sich Schulen etabliert hatten, entfalteten sich neue Sichtweisen. Aus diesem Grund nahm die Vorstellung von Kindheit auf den britischen Inseln zuerst Gestalt an.

Die *organisierte Schulerziehung* war es also, die die Kindheit überhaupt erst möglich machte. (Auch die Art und Weise einer Organisation, ihre Struktur und ihre Bürokratie zählt zu den technischen Verfahrensweisen). Das Wort »Kind« verwendete man vor dem 17. Jahrhundert für Erwachsene, die nicht lesen konnten. Indem nun in England eine Organisation entstand, die die Fertigkeiten des Lesens vermittelte, begann man, Kinder nicht mehr als kleine Erwachsene zu behandeln. Solange die Lesefähigkeit nicht erworben war, galten diese kleinen Menschen als »unmündig«. Erst mit der Trennung von Kind und Erwachsenendasein entwickelte sich eine eigene Sprache, eine eigene Sichtweise und schließlich ein bestimmter Schutz z.B. vor Kinderarbeit.

Eine weitere weitreichende Innovation, die mit konkreten Dingen nichts zu tun hat, setzte August Borsig durch. Es handelte sich dabei zunächst um die Verbesserung einer Organisationsstruktur innerhalb von Fabriken:

Borsig war Hersteller von Dampflokomotiven und setzte das erste Mal gegen den heftigen Widerstand von Zünften, Lehrern und Verwaltungsbürokraten das *System »Meister und Lehrling«* durch, das wir heute noch kennen. Die Kopplung von praktischer Unterweisung durch einen Meister und theoretischer Unterweisung in einer Berufsschule war damals ein bedeutender Fortschritt, nämlich ein Fortschritt in Bezug auf die Arbeitsorganisation. Dieses Erfolgsmodell wurde später von der Industrie übernommen und es existiert natürlich noch heute.

Bereits die einseitige Auslegung des Begriffs »Innovation« führt zu falschen Annahmen über ihr Wesen. Man geht davon aus, dass es etwas ist, das nur Fachleute hervorbringen können.

In Wirklichkeit entstehen Innovationen aber oft durch Leute, die mit offenen Augen durch die Welt gehen. Natürlich sind aus Erfindern längst Forscher geworden. Wir sprechen hier von einer systematischen Innovation: *»Es ist der Wandel, der immer eine Chance für etwas Neues und Andersartiges bietet. Systematische Innovation besteht daher aus einer zielgerichteten und organisierten Suche nach Veränderungen und aus der systematischen Analyse der sich daraus ergebenden Möglichkeiten und Neuerungen in Wirtschaft und Gesellschaft«* [3]

Aber immer wieder entstehen Innovationen außerhalb von Forschungsabteilungen durch wache Forscher des Alltags. Die Geschichte des Apple Computers zeigt, dass eine durchschlagende Neuerung in einer Garage entstehen kann. Manche Forschungsgebiete sind einfach zu neu, als dass es dafür bereits eine eigene Forschungsabteilung geben könnte. Am Anfang haben die meisten Schöpfer einer Neuerung auch das Problem, ihre Idee zu vermitteln und darzustellen. Daher ist es notwendig zu betonen, dass Innovation und Erfindergeist etwas zutiefst Menschliches sind und nicht ausschließlich in einer Forschungsabteilung entstehen.

Kehren wir an dieser Stelle auf unsere Insel zurück. Untersuchen wir, warum wir bei der neuen Art von Strandhütte von einer Innovation sprechen können. Weder der erfinderische Schreiner noch die Kunstmalerin haben eine Innovation hervorgebracht. ***Der Auslöser und Innovator war der König.*** Der Schreiner und die Kunstmalerin haben zwar die Einzelteile geliefert, aber der entscheidende Funken kam vom König der Insel: Er hat ein Konzept geliefert, (»Baut mir eine Hütte auf hohen Pfählen, die nicht häss-

         Erster Teil

lich, sondern prächtig ist«) und einen Rahmen geschaffen, in dem zwei Fachleute zusammenwirkten. So konnte durch die Verbindung von Fachwissen über Holzbearbeitung und Design eine Innovation entstehen: ein neuer, sicherer und attraktiver Typ von Strandhütten. Es war keine Einzelleistung sondern ein Prozess, an dem mehrere Fachleute beteiligt waren. In unserem Inselmodell lassen sich Rolle und Funktion der Beteiligten klar zuordnen. Der Prozess erfolgte in mehreren Stufen:

1. Die Künstler haben eine Veränderung wahrgenommen.
2. Durch verschiedene Medien sandten sie die Botschaft: »Die Insel ist durch den Klimawandel bedroht!«
3. Der Praktiker (der erfinderische Schreiner) suchte nach einer technischen Lösung in Form eines neuen Typs von Strandhütten.
4. Der König hatte ein unternehmerisches Gespür. Er wusste, für diese Art von Hütten gibt es einen Bedarf. Er schuf einen Rahmen und stellte dem Schreiner und der Kunstmalerin eine konkrete Aufgabe. Innerhalb dieses Rahmens entstand eine erfolgreiche Innovation: Klassische Pfahlbauten in zeitgemäßer Form und attraktivem Design. Aus vielen Fragmenten wurde ein Ganzes: eine marktfähige Innovation.

In Wirklichkeit ist so ein Prozess natürlich verwirrender und oft schwer nachvollziehbar. ***Der König nimmt in diesem Modell die Rolle des Entrepreneurs ein.***

Was aber ist ein Entrepreneur?

Entrepreneur: Wenn wir im Deutschen nach einem Wort suchen, das dem des Entrepreneurs entspricht, dann drückt der Begriff »Ideenunternehmer« am ehesten die Bedeutung aus. Gemeint ist ein Mensch, der eine Idee zur Reife bringt, ein Unternehmen gründet und Beschäftigung schafft.

Das Besessen-Sein von einer Idee, das beharrliche Kreisen um diese, das Erforschen ihres Potenzials ist die langwierige Vorstufe einer Unternehmensgründung.

Während Manager vorgegebene Ziele verfolgen und Verwalter nur das verwalten können, was bereits existiert, schafft ein Entrepreneur etwas Neues, Anderes. Er erschließt ein neues Aufgabengebiet und verändert die Werteskala einer Gesellschaft.

Es gibt eine Erklärungsformel für den Unterschied zwischen dem Manager und dem Entrepreneur: »Manager machen die Dinge richtig. Der Entrepreneur macht die richtigen Dinge.«

Das heißt, er geht etwas an, was die meisten anderen nicht anpacken. Der Entrepreneur ist auch kein Kapitalist: das Kreisen um eine Idee hat nur wenig mit Geld zu tun. Der Entrepreneur gehört also immer zu der ersten Generation eines Unternehmens. Ohne ihn könnte es gar kein Unternehmen geben.

Karl Benz ist ein klassischer Entrepreneur des Maschinenzeitalters. Bei ihm finden wir ebenfalls Spuren der Fähigkeit, eine Idee zur Reife zu bringen. Schon früh kreisten seine Vorstellungen um eine »Straßenlokomotive«. Benz war zuerst Geselle in einer Karlsruher Maschinenfabrik für Lokomotiven. Den wesentlichen Impuls für die Erfindung des Benzinautos erhielt er jedoch von einer Begegnung mit dem mittlerweile weiterentwickelten Fahrrad.

»Da fiel ein Ereignis in mein Leben, das mein Streben in eine andere Bahn lenkte, um es dann aber umso mehr zu fördern. Ein guter Freund von mir hatte sich (1868/ 69 in Stuttgart) ein Veloziped gekauft. Es hatte nichts gemein mit den heutigen Niederrädern, ja, es war nicht einmal eines der heute so

belächelten Hochräder, es war ein Vorläufer beider, nämlich eine Draisine mit Pedalen (…) die Pedale waren direkt an der Vorderachse angebracht. Die Bereifung bestand aus Eisen. Von Kugellagern war selbstverständlich keine Spur. Da hatte ich ja mein Ideal, und sogar in vereinfachter Form. Jetzt konnte ich pferdelos über die Landstraße dahineilen und bedurfte nicht einmal des kostspieligen Betriebs einer Kraftmaschine, sondern nur meiner eigenen Kraft. Das heißt, vorläufig konnte ich es noch nicht. Aber nach vierzehn Tagen hatte ich es doch erlernt. (…)Den Gedanken, ein selbst laufendes Fahrzeug als bequemen Wagen mit Motorantrieb zu erbauen, konnte ich von jetzt ab nicht mehr los werden, da ich pferdelos gefahren war, und mein Geist beschäftigte sich damit fast Tag und Nacht.« [4]

Diese Idee lag in der Luft. Benz war keineswegs der Einzige, der an dieser Vision arbeitete. Wäre das erste Benzinauto nicht in Mannheim gefahren, hätte es dann zweifellos an einem andern Ort in einer anderen Form das Licht der Welt erblickt.

Der Glaube an die einzigartige, geniale Idee ist grundlegend falsch: Selbst große Theorien wie die Relativitätstheorie sind nicht nur von einem Kopf erdacht worden. Poincaré formulierte eine Theorie zur Relativität fast zeitgleich neben Einstein. Die integrierte Schaltung, die 1959 von Jack Kirby erfunden wurde, hatte einen zweiten, unabhängigen Schöpfer: Robert Noyce aus Fairchild. Das schmälert nicht die individuelle Leistung! Es bestätigt dagegen, dass in jeder Zeit bestimmte Ideen »in der Luft liegen«.

Es ist wichtig, diesen Punkt genau zu verstehen: Ein Entrepreneur schafft etwas Neues, aber er schafft es mit dem, was er in seiner Zeit vorfindet. Diese Ideen fallen nicht vom Himmel. Sie entwickeln sich Schritt für Schritt. Oft findet ein Entrepreneur einfach eine Form für das, was auf der Hand liegt. Das Besondere an ihm ist, dass er das tut, was nahe liegt. Dies ist ein wesentlicher Unterschied zum Künstler: Diese können sogar in weit entfernte Galaxien aufbrechen, ohne Bezug auf die Realität zu nehmen. Trotzdem schaffen beide, der Entrepreneur und der Künstler, etwas, was vorher in dieser Form noch nie existiert hat.

»Ein junger Mensch, der gesellschaftliche Problemlagen erkennt, sie aufgreifen und ihnen praktisch etwas entgegensetzen will, ist ein Stück mit einem Künstler vergleichbar. Wie in der Kunst erfordert eine innovative Leistung nicht selten Besessenheit von einer Idee. Und wie der Künstler, der einen eigenen Stil in die Welt setzen will, hat auch ein Entrepreneur, der eine neue Idee durch-

setzen will, oft eine Phase sozialer Zurückweisung durchzustehen. Wir kennen solche Kapitel aus den Biografien großer Künstler und Schriftsteller ebenso wie aus denen berühmter Unternehmer der ersten Generation. Diese Phase, die oft mit hohen persönlichen Opfern, waghalsigen Experimenten und dem mitleidigen Lächeln der etablierten Mitwelt verbunden ist, bildet Reiz und Risiko im Leben des Künstlers wie des Unternehmers. Ohne solche ungesicherten Anfänge, mit denen neue Entwürfe auf den Weg gebracht und hohe Anforderungen an Mut und Durchhaltevermögen gestellt werden, sind spätere Erfolge in der Regel nicht zu haben. Die Qualität der unternehmerischen Idee ist dabei von ausschlaggebender Bedeutung.« [5]

Entrepreneurship: Der Begriff meint die Entwicklung einer Idee und deren wirtschaftliche Umsetzung auf dem Markt. Die Idee ist also nur die Hälfte des Prozesses. Trotzdem darf diese Basis nicht unterschätzt werden. Eine Geschäftsidee mag sich am Ende einfach anhören. (Sie muss sogar maximal verständlich formuliert werden!) Bis zu der gereiften Idee ist es jedoch meist ein langer Weg mit vielen Stationen.

»Neil Churchill, amerikanischer Forscher über Entrepreneurship, sagt, dass für eine gute Idee bis zu 50.000 Einzelteilchen an Informationen verarbeitet werden müssen, und dass es bis zu zehn Jahren dauern könne, bis die Idee ausgereift und für eine erfolgreiche Unternehmensgründung gut sei.« [5.1]

Es versteht sich von selbst, dass jede Idee von anderer Natur ist. Denoch geht es stets nach der *Formulierung der Aufgaben* des zukünftigen Unternehmens darum, *die richtigen Fachleute oder Kooperationspartner zu finden.*

In der Wirtschaftssprache klingt das so: »Starke unternehmerische Fähigkeiten des Gründers und der Aufbau eines Management-Teams sind die entscheidenden Faktoren bei einer Neugründung.«

Unsere Frage aber lautet: »Wo können im Bereich Entrepreneurship künstlerische Dienstleistungen nützlich sein?« Bisher spielen die »Kreativen« im klassischen Wirtschaftsleben eine eher untergeordnete Rolle.

 Erster Teil

Die Künstler werden vor allem als »Trendscouts« eingesetzt und als diejenigen, die einem neuen Produkt die nötige Medienaufmerksamkeit verschaffen sollen.

Doch bei einem erhöhten Bedarf von Entrepreneurship steigen die Chancen für Designer, sich in diesem Bereich neue Arbeitsfelder zu erschließen. Es gibt nur einen Weg, diese These zu prüfen: Designerinnen und Designer müssen damit anfangen, diesen Bereich Entrepreneurship zu untersuchen. Dabei sollten sie sich nicht auf die Präsentation von Geschäftsideen beschränken.

Social-Entrepreneurship: Die größten Möglichkeiten neuer Arbeitsfelder finden sich in diesem Bereich. Social-Entrepreneurs haben das Ziel, unternehmerische Lösungen für drängende soziale Probleme zu finden. Hier ist die Lage so, dass die Künstler selbst die Fähigkeiten eines Social-Entrepreneurs mitbringen. Social-Entrepreneuship kann als eine Strategie beschrieben werden, ein anstehendes soziales Problem zu lösen, und zwar in einer unternehmerischen Form. Die Idee ist alles andere als neu. So schrieb Marshall McLuhan bereits vor einigen Jahrzehnten in seinem Buch »Die magischen Kanäle«:

»Der Künstler greift die Botschaft der kulturellen und technischen Herausforderungen schon Jahrzehnte, bevor ihre umgestaltende Wirkung eintritt, auf. Dann baut er Arche Noahs, um sich gegen den bevorstehenden Umbruch zu wappnen. (…) Der Künstler ist ein Mensch, der auf dem Gebiet der Natur- oder Geisteswissenschaften die Tragweite seines Schaffens und die neuen Erkenntnisse seiner Zeit erfasst. Er ist ein Mensch mit vollem und ganzem Bewusstsein. (…) Wenn man die Menschen überzeugen könnte, dass Kunst exaktes Wissen im Voraus ist, wie man mit psychischen und sozialen Auswirkungen der kommenden Technik fertig werden kann, würden dann nicht alle Künstler werden? Oder würden sie beginnen, neue Kunstformen in Orientierungskarten der Gesellschaft zu übertragen?« [6]

Es gibt immer wieder Beispiele für ein Wissen im Voraus, das Künstler, vor allem Schriftsteller, in ihren Werken äußern. Man kann sogar sagen, dass alle bisher eingetretenen Katastrophen vorher beschrieben wurden. Es gibt jedoch noch keine Organisation, die Aussagen von Künstlern sammelt und auswertet, um sie für die Wirtschaft und die Politik aufzuarbeiten.

McLuhan stellt mit seiner etwas euphorischen These möglicherweise zu hohe Anforderungen an die Künstler. Diese sind zwar in der Lage, anstehende soziale Verschiebungen früher wahrzunehmen, sie erleben sie aber auch heftiger als alle anderen! Diese heftigere Form des Erlebens hat zur Folge, dass Künstler oft ihre Ängste öffentlich verarbeiten, indem sie Untergangszenarien beschreiben oder visualisieren. Ein Fachmann in Sachen Weltuntergang ist z.B. der Regisseur Roland Emmerich.

Beim Social-Entrepreneurhip geht es um das Gegenteil, nämlich um die Suche nach Lösungswegen. Man sucht gezielt nach Modellen, die zum Nachahmen einladen. Dazu zählen Lebensbewältigungsstrategien, wie man z.B. mit den emotionalen Folgen einer Arbeitslosigkeit umgeht. Bei der Suche nach Lösungen sollten auch Künstler mitwirken. Um das Bild der Arche zu verwenden, ist es ratsam, den Bau der Arche einem Schiffsbauer zu überlassen. In einem zentralen Punkt hat McLuhan jedoch recht: Künstler sind früher in der Lage, die emotionalen Strömungen und Stimmungen einer Gesellschaft wahrzunehmen. Ein berühmtes Beispiel ist Andy Warhols Bemerkung: *»In der Zukunft wird jeder fünfzehn Minuten berühmt sein«*. Wir leben heute in dieser Welt.

Einige Künstler reagieren auf die negativen Entwicklungen im Bereich der Medien: So wird z.B. das Konzept »Bad news is good news«, dem der Mainstream-Journalismus heute folgt, infrage gestellt: Michael Gleich reagierte auf diese Entwicklung, indem er ein Netzwerk für konstruktiven Journalismus schuf. Hier geht es um die Fragen: »Wie geht es weiter? Wo sind die Entwicklungen, die uns in die Zukunft führen?« In Seminaren wird ein Journalismus vermittelt, der Mut machen soll, statt auf den Untergang einzustimmen. Michael Gleich hat die Vision einer Akademie, in der konstruktiver Journalismus vermittelt wird.

Hier haben wir ein Beispiel für Social-Entrepreneurship als Hilfe zur

Selbsthilfe. Ein Umdenken im Journalismus einzuleiten, ist jedoch nicht die einzige brennende Aufgabe für Social-Entrepreneurs.

Wir sind eine Spezies, die durch die mannigfaltigen Möglichkeiten der Technologien gefährdet ist. Wir benötigen heute das Erlernen sozialer Verhaltensweisen, um uns in die Lage zu versetzen, unsere eigenen Möglichkeiten sinnvoll einzuschränken. So wäre es anderen Generationen ebenfalls möglich, diesen Planeten zu erfahren. Bestimmte Dinge zu unterlassen, statt sie auszuführen, ist eine weit schwierigere Aufgabe, als sich der Hysterie des Handelns zu ergeben. Die Aufgabe, ein Umdenken herbeizuführen, in dem es einen Wert darstellt, bestimmte Dinge zu unterlassen kann nicht durch technische Innovationen gelöst werden. Hier werden Social-Entrepreneurs benötigt: in der Politik, in der Wirtschaft und in sozialen Organisationen.

In diesem Feld können Künstler und Praktiker zusammenwirken. Beide reagieren so unterschiedlich auf Veränderungen, dass sie sich gut ergänzen können. Die Künstler nehmen gesellschaftliche Veränderungen früh wahr und die innovativen Praktiker können auf das, was die Künstler wahrnehmen, praktisch reagieren.

2. Unternehmen Überleben

Wenn wir im Supermarkt eine LED-Leuchte kaufen, tun wir das aus einem einfachen Grund: Wir erkennen in diesem Produkt einen Nutzen für uns. Die Lampe braucht weniger Energie und sie hält länger. Das leuchtet uns ein.

Die meisten technischen Neuerungen können diesen Vorteil für sich verbuchen. Ihr Nutzen ist leicht zu verstehen und daher leicht zu vermitteln.

Beim Social-Entrepreneurship haben wir es jedoch mit einem anderen, einem immateriellen Nutzen und Wert zu tun. Dieser Wert kann deshalb nicht wie eine Waschmaschine oder ein Mobiltelefon aufgefasst und vermittelt werden.

Hier handelt es sich um Dienstleistungen, die auf eine Verhaltensänderung zielen. Es geht hierbei im weitesten Sinn um das Lernen.

Ein Beispiel: Der Besuch einer Fahrschule stellt für die Gesellschaft einen immateriellen Wert dar. Indem es Verhaltensregeln für die Straße gibt und Fahranfänger diese Verhaltensregeln lernen, wird ein Wert erkannt. Die Chancen, sicher von einem Ort zum anderen zu gelangen sind höher, wenn diese Regeln eingehalten werden. Es ist beruhigend zu wissen, dass die Verkehrszeichen für alle Verkehrsteilnehmer das Gleiche bedeuten. Der Umgang mit diesen Regeln ist ein Lernvorgang. Nach diesem Prinzip funktioniert auch Social-Entrepreneurship.

Um die Herausforderungen der Zukunft zu meistern, genügt es nicht, Werkzeuge zu planen und zu bauen. Viel wichtiger ist es, zu *lernen,* mit diesen Werkzeugen richtig und vernünftig umzugehen. Der Schlüssel zu einem wirtschaftlichen Überleben ist nicht Technologie, sondern vor allem der richtige Umgang mit ihr.

Wenn beispielsweise die Teilnehmer eines Netzwerkes nicht gelernt haben, wie man richtig kommuniziert, dann nützen ihnen auch keine schnelleren Computer. Es geht heute nicht mehr so sehr um den Besitz oder den Zugang zu bestimmten Technologien. Es geht vielmehr darum, was wir mit Technologien tun und auf welche Weise wir es tun. Selbst beliebig verfügbare Informationen nützen nichts, wenn sich daraus weder menschliches Wissen noch anwendbare Fähigkeiten entwickeln. ***Menschliche Fähigkeiten lassen sich nicht durch Technologie ersetzen.*** Innovationen entstehen nicht durch die Anwendung von Technologie. Die menschliche Fantasie und die menschlichen Fähigkeiten sind hier der wesentliche Faktor. Wenn wir die Fähigkeiten der Künstler in Bezug auf Entrepreneurship untersuchen, müssen wir dann fragen: Wo können die Künstler in diesem Feld nützlich sein?

Künstlerische Fähigkeiten: Stellen Sie sich einmal vor, dass der Motor Ihres Autos seltsame Geräusche macht. Sie suchen eine Werkstatt auf. Sie finden ein Büro, in dem ein sauber gekleideter Vertreter sitzt, der Ihnen gegen eine Gebühr eine Werkstatt und einen Werkzeugkoffer vermietet. Er sagt mit einem freundlichen Lächeln: »Jeder ist ein Automechaniker.« Dann lässt er Sie mit Ihrem Auto allein. Würden Sie dieses Verhalten als nützlich bezeichnen?

Die These: »Jeder ist ein Künstler« erweckt den Anschein, als sei das künstlerische Wirken völlig beliebig und durch nichts nachprüfbar. Tatsächlich lässt sich die Substanz einer künstlerischen Aussage schwer nachprüfen. Die Fähigkeiten eines Künstlers sind allerdings durchaus nachprüfbar.

Da es hier nicht um Kunst im Allgemeinen, sondern um die Fähigkeiten der Künstler in Bezug auf die Bewältigung von Veränderungen geht, muss ein Interesse an der Zukunft als Grundbedingung vorausgesetzt werden. Die Formel »Jeder ist ein Künstler« kann deshalb im Zusammenhang mit unserer Frage nicht gelten. Im Bereich Entrepreneurship müssen sich die Künstler die Frage nach der Nützlichkeit ihrer Arbeit stellen.

Ein Zukunftsinteresse kann sich z.B. dadurch ausdrücken, dass der Künstler mit gar nichts einverstanden ist, was er in der Gegenwart vorfindet. Hier kann es sich auch um einen Menschen handeln, der diese Gegenwart als so unerträglich erlebt, dass er instinktiv und unmittelbar beginnt, für die Zukunft zu arbeiten. Er tut dies sogar auf die Gefahr hin, dass die Menschen der Gegenwart ihn nicht verstehen. Dieses grundsätzliche Interesse für die Zukunft muss mit Fähigkeiten verknüpft sein. Ohne diese Fähigkeiten kann der Künstler nicht nützlich sein. Sie spielen im Feld Entrepreneurship eine ganz entscheidende Rolle.

1.   Die Fähigkeit, Struktur und Wirkung von Medien zu verstehen.
2.   Die Fähigkeit, komplexe Zusammenhänge zu erfassen und entsprechend zu vereinfachen.
3.   Die Fähigkeit, die Bedeutung von gesellschaftlichen Umbrüchen und Veränderungen wahrzunehmen und auszudrücken.

So, wie wir von einem Automechaniker erwarten, dass er etwas von den Autos versteht, an denen er arbeitet, darf man von einem Künstler erwarten, dass er das Medium versteht, mit dem er sich ausdrückt. Ohne die Struktur und Wirkung eines Mediums zu verstehen, kann niemand *gezielt* eine Botschaft senden. Von einem Künstler darf deshalb erwartet werden, dass er fähig ist, eine Botschaft in die Sprache seines Mediums zu »übersetzen« und zu senden. Zum Beispiel die Botschaft: »Die Insel ist bedroht!« kann mit verschiedenen Medien gesendet werden: als Plakat, als Radiosendung, als Film usw. Diese Botschaft sollte vom Empfänger verstanden werden.

Da ein Kunstwerk eine Reduktion der Wirklichkeit ist, verlangt es vom ernsthaften Künstler die intensive Auseinandersetzung mit dem Thema seines Werkes. Daher ist die Fähigkeit, etwas auf die richtige Weise vereinfachen zu können, von solcher Bedeutung. Ein Künstler muss sein Thema, soweit es ihm möglich ist, verstanden und verinnerlicht haben. Wenn er es nicht versteht, wie sollte er dann in der Lage sein, eine verständliche Vereinfachung in Form eines Kunstwerkes zu schaffen?

Das wird vor allem in der Geschichtsschreibung deutlich. Wenn wir zum Beispiel ein Buch mit dem Titel: »Der Zweite Weltkrieg« im Schrank stehen haben, erwarten wir darin eine möglichst klare *Darstellung* der Ereignisse. Wenn der Autor nicht in der Lage ist, das Wesentliche des Geschehens zu erfassen, wie sollte er dann eine richtige für den Leser nachvollziehbare Darstellung gestalten können? Der Autor muss deshalb fähig sein, unwichtige Details wegzulassen, um das Wesentliche zu transportieren. Ein Kunstwerk ist in jedem Fall eine Reduktion, eine Vereinfachung, ein Auf-Den-Punkt bringen, ein Zeichen für etwas Anderes. Wenn ein Künstler falsch vereinfacht, transportiert sein Werk diesen Fehler und möglicherweise auf eine lange Zeit. Mein Beispiel der Geschichtsschreibung widerlegt die gängige Meinung, diese habe nichts mit Kunst, sondern nur mit Fakten zu tun. In Wirklichkeit kann Geschichte ohne künstlerische Fähigkeiten nicht vermittelt werden. So schreibt Raul Hilberg, der ein Standardwerk über den Holocaust geschrieben hat:

»*Wer den Holocaust erfassen will, sagte mir Claude Lanzmann einmal, muss ein Kunstwerk schaffen. Um das Geschehen darzustellen, sei es ein Film oder als Buch, müsse man ein vollendeter Künstler sein, denn dieser Nachvollzug sei an und für sich ein Schöpfungsakt. Das war mir bereits klar, als ich mich an die Arbeit machte. Jeder Künstler bemächtigt sich der Wirklichkeit, ersetzt die rasch dahinschwindende Realität durch einen Text. So nehmen geschriebene Worte den Platz der Vergangenheit ein und werden dann anstelle der Ereignisse selbst erinnert. Wäre sie nicht notwendig, so müsste man diese Transformation anmaßend nennen, aber sie ist unausweichlich, unabdingbar. Diese Aussage betrifft nicht nur mein Thema, sondern alle Geschichtsschreibung, jede Darstellung von Ereignissen.*« [7]

Hilberg hat sich fast ein ganzes Leben lang mit seinem Thema beschäftigt und Claude Lanzmann, der in diesem Zusammenhang erwähnt wird, hat über Jahrzehnte an seinem Film »Shoah« gearbeitet. Sowohl Hilberg als auch Lanzmann haben Grundlagenwerke geschaffen, die die Arbeit weiterer Historiker und Filmemacher prägten. Das Erfassen eines Themas kann für einen Künstler einen großen Teil seiner Lebenszeit in Anspruch nehmen. Hier wird besonders deutlich, dass die Kunst, die Geschichte darzustellen, eine ernsthafte und verantwortungsvolle Tätigkeit ist, die von einem Künstler alles abverlangen kann. Gerade bei diesem Beispiel wird das künstlerische Wirken so gut wie nicht wahrgenommen. Erst wenn wir uns klarmachen, dass jede Art der Darstellung eine Vereinfachung der Wirklichkeit ist, wird deutlich, worin die Verantwortung der Künstler in erster Linie besteht: Sich mit dieser Wirklichkeit so weit wie möglich auseinanderzusetzen, um falsche Vereinfachungen zu vermeiden.

Die dritte elementare Fähigkeit, die wir von einem Künstler erwarten müssen, ist ein Gespür für gesellschaftliche Vorgänge und Umbrüche. Ein Künstler muss sich sowohl für seine Zeit als auch für die mentalen Bedürfnisse seines Publikums interessieren. Fehlen diese Interessen, besteht die Gefahr, dass seine künstlerischen Aussagen seinem Publikum nicht verständlich sind. Dieses Gespür für das, was gerade in einer Gesellschaft vor sich geht, ist schwer zu belegen. Die folgende Reihe von Zitaten soll deshalb als Beispiel angeführt werden, dass sich ernsthafte Künstler oft unabhängig voneinander zu den gleichen gesellschaftlichen Umbrüchen äußern. In diesem Fall handelt es sich um Aussagen, die sich auf den Umbruch von der Lese- zur Fernsehgesellschaft beziehen:

Norman Mailer:
»(…) Unser Land wuchs aus dem Expansionsdrang von Menschen, deren ewiger Traum der Zug nach Westen war – viele Amerikaner zogen mit nicht mehr im Besitz als ihrer Einbildungskraft in die Wildnis. Als sich die Grenze schließlich nicht mehr weiter verlegen ließ, verwandelte sich die Einbildungskraft unausbleiblich in Paranoia (die, wenn man so will, als die erzwungene Eingrenzung der Einbildungskraft interpretiert werden kann – ihre künstlerische Form ist ein Drehbuch) und – siehe da! – dort, wo der Drang nach Westen durch die Küsten des Pazifiks gestoppt wurde, entstand Hollywood.«[8]

Marshall McLuhan:
»Die Magnaten von Hollywood handelten richtig, von der Annahme ausgehend, dass der Film dem amerikanischen Einwanderer sofort Erfüllung bringe.

  Erster Teil

Diese Taktik, so bedauerlich sie im Lichte des »absolut und ideal Guten« erscheinen mag, passte haargenau auf die Form des Films. Dies bedeutete, dass in den Zwanziger Jahren der amerikanische Lebensstil in Konserven in alle Länder exportiert wurde. Die Welt stand begeistert Schlange, um Konserventräume zu kaufen.« [9]

Neil Postman:
»Wer schreibt die Lieder, die junge Mädchen singen? (…) In Amerika sind es die populären Schlagersänger und Filmproduzenten. Vielleicht sogar die hohlen Männer, die sich um Swimming Pools in Beverly Hills versammeln und Geschichten erfinden, die wir »Sitcoms« nennen, Familienserien, Seifenopern.« [10]

Sibylle Berg:
»Erfolgreiche Bücher sind wie Fernsehsendungen. Leicht müssen sie sein, mit amerikanischem oder spanischem Schwung, Epen wie Hollywoodfilme, oder ghostgewritete Werke sexsüchtiger Popsänger. Bücher, die dem Leser einen Gedanken schenken, interessieren nur eine bibliophile Minderheit, und die ist tot.« [11]

Pierre Bordieu über das Fernsehen:
»Manchmal habe ich Lust, jedes Wort der Sprecher infrage zu stellen, so oft reden sie leichtfertig daher, ohne sich im Mindesten über Problematik und Bedeutung ihrer Formulierungen im Klaren zu sein und über die Verantwortung, die sie übernehmen, wenn sie sich vor Tausenden von Zuschauern äußern, ohne zu verstehen, was sie sagen, ohne zu verstehen, dass sie es nicht verstehen. Doch solche Wörter bringen etwas hervor, schaffen Phantasmen, Ängste, Phobien oder schlicht falsche Vorstellungen.« [12]

Bob Dylan:
»SPIEGEL: Welcher Film ist für Sie große Literatur?
Dylan: Da genau liegt das Problem, denn Filme können keine Literatur sein.
SPIEGEL: Warum?

Dylan: Weil sie nur eine zweitrangige Kunstform sind. Literatur führt Dich in den Kopf und in das Herz einer fiktiven Figur. Das schaffen kein Drehbuch und kein Regisseur. Filmfiguren bleiben immer auf Distanz, immer weit weg und flach auf der Leinwand. Ich habe noch keinen Film gesehen, der besser wäre als das schlechteste Buch, das ich gelesen habe.« [13]

Wim Wenders:
»Es ist zweifellos so, dass die Explosion der Bilder die Worte verdrängen. Das Heilmittel gegen die Krankheit der Bilder sind aber nun einmal die Worte.« [14]

Ute Benz:
»Der Verlust der Sprache gegenüber dem Bild, die Unfähigkeit zu bewusster Wahrnehmung rasch wechselnder Bilder, die Schwierigkeit, visuelle Eindrücke in Worte zu fassen und darüber zu kommunizieren – dies sind zentrale Probleme der Kinder und Erwachsenen in der Mediengesellschaft. Hier vor allem müssen Lösungen gesucht und entwickelt werden. Gewalt im Film ist zwar der spektakulärste, aber doch nur ein Teil des größeren Problems: die Gewalt der Bilder und die Ohnmacht der Betrachter, die ihre Sprache verlieren.« [15]

Barry Sanders:
»Angesichts einer schier grenzenlosen Vielfalt elektronischer Geräte – vom Fernsehapparat bis zum CD-Player, vom Videogerät bis zum Videospiel – muss Kindern ausreichend Zeit gelassen werden, sich selbst ausdrücken zu lernen. Eine produktive Fantasie ist vielleicht der beste, wenn nicht sogar der einzige Schutz gegen den Ansturm der technisch produzierten und übermittelten Bilder.« [16]

Keith Haring:
»Die Rolle des Bildermachers kann nicht mehr so aufgefasst werden, wie sie vor hundert oder sogar vor zehn Jahren noch erschien. Das Tempo der Veränderung beschleunigt sich, und der Künstler muss die Veränderung mitvollziehen. Der moderne Künstler kann die Existenz der Medien in und der Technolo-

                    Erster Teil

gie nicht ignorieren, und zugleich kann er sich auch vom Ritual und von der populären Kultur nicht abwenden. Vielleicht ist der Bildermacher heute wichtiger als zu jeder anderen Zeit in der Geschichte der Menschheit, weil er Eigenschaften besitzt, die einzig und allein menschlich sind. Die menschliche Fantasie kann nicht wie ein Computer programmiert werden. Unsere Fantasie ist die größte Hoffnung für unser Überleben.« [17]

Wenn wir wissen, dass Innovationen in der Regel Reaktionen auf Veränderungen sind, können wir die Arbeit von Künstlern in einem anderen Licht sehen: Sie sind die Berufsgruppe, die die Fähigkeiten besitzt, Veränderungen früher als alle anderen wahrzunehmen. Meistens sind es Schriftsteller und Journalisten, die sich zuerst zu Wort melden und neue Themen für die Öffentlichkeit aufarbeiten. Bildende Künstler oder Musiker äußern sich zudem oft sehr präzise zu Umbrüchen.

Die Künstler in diesem Punkt ernst zu nehmen, eröffnet die Möglichkeit, Innovationen früher und gezielter umsetzen zu können. Hierbei geht es nicht nur um das Planen und Bauen von neuen Werkzeugen, sondern vor allem darum, Lösungswege und Modelle zu entwickeln, um mit den sozialen Auswirkungen von Veränderungen fertig zu werden. Die Aufgaben für Künstler in den Bereichen Entrepreneurship und Social-Entrepreneurship sind:

Das Wahrnehmen und Beschreiben von gesellschaftlichen Veränderungen. Das Vereinfachen und Darstellen von komplexen Zusammenhängen. Das Vermitteln von Strategien, um Veränderungen zu bewältigen, auch mithilfe geeigneter Medien.

Fragen und Aufgaben: Treten gesellschaftliche Umbrüche ein, steigt der Innovationsbedarf. Was wir heute nach der Finanzkrise beobachten können ist jedoch vor allem ein Mangel an Orientierung und Selbsterneuerung. Es fehlt – über die Sicherung des Bestehenden hinaus – an politischen Zielen. Die Folge ist ein geordneter Stillstand. Die Ursachen dafür liegen in einer ineffektiven Innovationspolitik.

Die Hauptfrage in diesem Zusammenhang ist: Welche Art von Innovationen brauchen wir, um die eingetretenen Veränderungen zu bewältigen?

Ein Indikator einer fehlerhaften Innovationspolitik ist, dass Wirtschaftszweige, die naturgemäß schrumpfen müssen, künstlich erhalten werden.

Zum Beispiel hilft der Staat der Autoindustrie, einen künstlichen Bedarf zu schaffen. So wird die Illusion erhalten, dass die Gesetze des Maschinenzeitalters unverändert bestehen. Das Notwendige wird unterlassen, um junge Wirtschaftszweige nach vorne zu bringen. Indem sich alles dem Erhalt des Bestehenden unterordnet, wird das Neue verhindert. Das Alte beansprucht ein Denken in alten Kategorien. Deshalb ist es destruktiv, wenn Organisationen, die sich überlebt haben, nicht schrumpfen oder sterben können. Das gilt auch für staatliche Organisationen, die nicht mehr funktionieren. Dass man das Alte nicht abschaffen will, liegt daran, dass das Neue nicht erkannt und gesehen werden kann. Das Fehlen einer effektiven Innovationspolitik wird an der Ziellosigkeit sichtbar. Das »Weiter so!« um jeden Preis, ist das, was übrig bleibt. Der Preis ist hoch und er steigt ständig.

Eine effektive Innovationspolitik erfordert, sich für das Neue und Schwache starkzumachen. Innovationen sind kleine Verbesserungen und Veränderungen von »unten«. Sie entstehen am Puls des Geschehens und das heißt, sie beginnen immer klein. Eine Innovationspolitik verlangt, dass die verändernden Kräfte gefördert oder zumindest nicht an ihrer Arbeit gehindert werden. Die Instrumente der Selbsterneuerung sind kein Staatsgeheimnis:

»Was wir brauchen, ist eine Unternehmergesellschaft, in der Innovation und unternehmerisches Handeln im Sinne von »Entrepreneurship« normal sind und sich ständig und stetig vollziehen. (...) Dies erfordert von den Führungskräften in allen Organisationen, innovatives und unternehmerisches Handeln als ganz normaler Bestandteil in die laufende Tagesarbeit zu integ-

 Erster Teil

rieren und sich diese Handlungsorientierung in der eigenen Arbeit und in der Arbeit ihrer Organisationen anzugewöhnen.« [18]

Dieses Konzept sagt nicht nur, dass Organisationen des ständigen Wandels die Zukunft gehört, es sagt auch, dass Veränderungen viel stärker von unten nach oben umgesetzt werden müssen. Es bedeutet, dass diese Art von Organisationen vollkommen anders strukturiert werden müssen. ***Entrepreneurship wird folglich zu einem Verfahren, das in allen Bereichen und in jeder Art von Organisation benötigt wird.*** Wenn Umbrüche eintreten, müssen sich die einzelnen Berufsgruppen und Organisationen selbst fragen: »Was bedeuten diese Veränderungen für uns?«

Dasselbe gilt für den Arbeitsmarkt. Die einzelnen Berufsgruppen müssen sich selbst die Orientierung verschaffen, um das Notwendige zu tun. Deshalb können in der Organisation des ständigen Wandels keine Spielregeln für die Ewigkeit gelten. Sie müssen ständig neu erarbeitet werden. Spielregeln zu entwickeln und Spielregeln zu verändern muss zu einem ganz normalen Vorgang werden. Entrepreneurship wird – in allen Bereichen und allen Organisationen, in öffentlichen Institutionen ebenso wie in Unternehmen der Privatwirtschaft – eine zunehmende Bedeutung einnehmen. Hier eröffnet sich ein neues Aufgabenfeld für Menschen mit künstlerischen Fähigkeiten. Auch hier gilt: Niemand anderes als die Künstler selbst müssen diese Felder für sich erschließen.

Klimawandel: Wie notwendig eine Innovationspolitik heute ist, wird beim Thema Klima, eine der dringlichsten eingetretenen Veränderungen, deutlich. Ob wir in der Lage sind, auf den Klimawandel richtig zu reagieren, hängt davon ab, inwieweit die Politik in der Lage ist, das Notwendige überzeugend zu vermitteln. Die Initiative »Deutschland, Land der Ideen« war von der Bundesregierung richtig gedacht. Jedoch ist diese Initiative mit keinem Innovationsziel verbunden worden! In Bezug auf den Klimawandel hätte dieses Ziel in etwa so formuliert werden müssen: »Wir wollen in der Umwelttechnologie führend werden. Hier liegen unsere Chancen und hier gibt es einen *echten* Bedarf.« Es ist der Initiative weder gelungen, die Bedeutung von Innovationen in Bezug auf den Arbeitsmarkt deutlich zu machen, noch hat sie einen breiten Diskurs ausgelöst.

Das deutet darauf hin, dass die Politik neue Wege braucht, sich der Mehrheit mitzuteilen. Wir brauchen ein demokratisches Verfahren, in dem ein Einfluss auf die *Innovationsziele* ermöglicht wird. In einem solchen Verfahren ist es erstrebenswert, einen Diskurs über grundsätzliche Fragen auszulösen. ***Die Aufgabe einer Innovationspolitik ist es nicht, fertige Lösungen und Pläne zu verkünden. Die Aufgabe ist es, die richtigen Fragen zu stellen und einen möglichst breiten Diskurs anzustreben, damit Lösungen aus den betroffenen Branchen selbst erarbeitet werden können.*** Eine dieser Fragen könnte z.B. lauten: »Wollen wir in unserer Stadt weiterhin den Individualverkehr oder lieber Fahrradwege und öffentliche Verkehrsmittel fördern?«

Die Politiker müssen lernen, die Wirkung ihrer abstrakten Verfahren in die Alltagswelt ihrer Wähler zu übersetzen. Sie müssen lernen, ihre Ziele so zu vermitteln, wie es einer Mediengesellschaft entspricht. Hier brauchen wir eine neue, ernstzunehmende Form der Politikvermittlung. Lernen Politiker diese Lektion nicht, werden sie mit ansehen müssen, wie das Vertrauen in ihre Politik weiter schwindet.

Eine Innovationspolitik muss deshalb möglichst konkret und verständlich vermittelt werden. Dabei müssen nicht sofort Lösungen präsentiert werden. Im Gegenteil! Die Aufgabe ist, die richtigen Fragen zu stellen, um einen Prozess auszulösen, in dem man sich für die richtigen Lösungen entscheiden kann. Die Politik muss aufhören, so zu tun, als könne sie fertige und richtige Lösungen von oben anordnen. Im Gesundheitswesen wird besonders deutlich, dass die verordneten Regeln unternehmerisches Handeln mehr verhindern als fördern. Die Politiker müssen aufhören, den Mythos zu nähren, ihre Experten könnten einen großen Plan entwerfen.

Eine Innovationspolitik muss deshalb mit den richtigen Fragen beginnen. Diese Fragen müssen medial so aufgearbeitet sein, dass sie jeder und nicht nur Experten verstehen. Am Ende werden nämlich sowohl die ganze Gesellschaft als auch die Experten die Konsequenzen für falsche Lösungen mittragen müssen. In diesem Zusammenhang ist es sinnvoll, eine Organisation zu schaffen, die Aussagen über Veränderungen und Umbrüche auch von Künstlern sammelt und für die Wirtschaft und die Politik aufarbeitet. Eine stark individualisierte und an Medien gewöhnte Mehrheit braucht eine mediale Aufarbeitung dieser Fragen. Wenn verstanden wird, dass diese grundsätzlichen Fragen Auswirkungen auf die eigene Lebensumwelt haben, kann ein lebendiger Diskurs überhaupt erst stattfinden. Sind diese Fragen beantwortet, sollten Innovationsziele festgelegt werden. Innovationspolitik bedeutet also, in einem möglichst breiten Diskurs Innovationsziele zu erarbeiten, statt einen großen abstrakten Plan der Experten zu verkünden. Nur wenn diese Ziele in einem Diskurs entstehen, wird sich auch ein Konsens zum Handeln ergeben können. Wenn Innovationsziele auf diese Weise entstehen, steigen die Chancen für die praktische Umsetzung.

In einer Gesellschaft, in der Organisationen des ständigen Wandels gefordert sind, muss eine neue Kultur im Umgang mit Ideen, Innovationen und Verbesserungsvorschlägen entstehen. Das kann nicht die Aufgabe der Künstler allein sein. Dennoch sind sie es, die hier als Fachleute direkt betroffen sind, wenn es darum geht, Lösungen zu entwickeln. Diese Aufgaben erfordern von Künstlern die Bereitschaft, sich ein Wissen über Entrepreneurship anzueignen.

Arbeitsmarkt: Der Wandel, der sich in der Arbeitswelt vollzieht, kann nicht mehr mit den Kategorien des Maschinenzeitalters erfasst werden, dennoch sind unsere Vorstellungen von Arbeit immer noch stark davon geprägt. Diese Vorstellungen haben jedoch meist nichts mehr mit dem zu tun, was wir heute vorfinden. Längst sind die planbaren »Karriereleitern« seltener geworden.

Immer deutlicher zeichnet sich ab, dass Maschinen und Methoden die Arbeit in der Produktion verdrängen. Der Arbeiter, der ein Leben lang einen gesicherten Arbeitsplatz in der Produktion beanspruchen kann, ist schon heute ein Relikt. Arbeit muss deshalb anders definiert und organisiert werden. Es ist unabdingbar, sich von alten Kategorien und Begriffen zu lösen, denn diese führen in die falsche Richtung. Sie verweisen in eine Welt, die so nicht mehr existiert.

Während heute die Produktionsarbeit schrumpft, ist ein Wachstum des Dienstleistungssektors zu beobachten. Hier entstehen vor allem Arbeitsplätze, die mit dem »Dienst am Menschen« zu tun haben: Erziehen, Lehren und Dienstleistungen im Gesundheitswesen. Ebenso steigt der Bedarf an Wissensarbeit: das Erwerben, Erzeugen, Bündeln oder Anwenden von Wissen. Das sind Tätigkeiten wie Lehren, Forschen, Entwickeln, Werben, Planen und Strategieentwicklung. Die Designer z.B. gehören zu den klassischen Wissensarbeitern. Diese Tätigkeiten sind an sich nichts Neues. Neu sind die Bedingungen, unter denen diese Arbeit umgesetzt werden muss, nämlich unter den Bedingungen eines beschleunigten Wandels.

Das Unternehmerbild befindet sich ebenfalls in einem grundlegenden Wandel. Im Maschinenzeitalter war ein Unternehmer ein Mensch, der Arbeiter beschäftigte, weil er Fabriken und Maschinen besaß. Die Organisationsstruktur basierte auf dem Prinzip: anordnen und kontrollieren (stark mit dem Organisationsprinzip des Militärs verwandt: befehlen und kontrollieren.) Ein Unternehmen in dieser Zeit wurde mit einer riesigen, mechanischen Maschine gleichgesetzt, während sich die Menschen oft als »kleines Rädchen im Getriebe« definierten. In dieser Art von Unternehmen gab es eine klare Hierarchie und eine Aufstiegsordnung. Das Ziel des Unternehmers war der möglichst reibungslose Produktionsablauf dieser »Maschine«.

Heute ist ein Unternehmer hauptsächlich das steuernde Herz eines Beziehungsgeflechtes von Menschen. Maschinen und Fabriken zu besitzen ist nicht mehr zwingend erforderlich. Mit dem Aufkommen des Internets ist ein völlig anderes Bild eines Produktionsablaufes entstanden: das Bild eines organischen Netzwerkes. Dieses Netzwerk besteht aus einem Fluss von Informationen. Die Unternehmen, die mit oder durch das Internet entstehen, haben keine hierarchische Struktur, in der es Aufstiegsmöglichkeiten in Form einer »Karriereleiter« gibt, sondere eine andere. Der Unternehmer ist heute niemand mehr, der klare Arbeitsanweisungen oder gar Befehle erteilt. Das charakteristische Merkmal des Internetzeitalters ist eine Individualisierung, in der Menschen vor allem zuhause arbeiten und keine Büros mehr benötigt werden. Es zählt nur noch, dass die Arbeit erledigt wird. So ermöglicht das Internet zum Beispiel unabhängigen Filmemachern, Produzentengalerien und Kleinverlagen eine Chance, sich Kunden über das Netz zu erschließen, indem eigene Inhalte ohne Mittelmänner – vom Produzenten zum Konsumenten – angeboten werden. Es entstehen neue Chancen für Unternehmen, die ähnlich denken und handeln, wie das Internet aufgebaut ist. Daraus ergibt sich zum Ersten ein neues Erwerbsmuster und zum Zweiten *eine neue Unternehmensform: das Netzwerk.* In einem solchen Beziehungs- und Produktionsgeflecht entstehen völlig neue Probleme und eine andere Dynamik als in klassischen Unternehmen.

Das Organisationsprinzip eines produktiven Netzwerkes ist: inspirieren und das Ermöglichen von Ideen. Der Unternehmer des Informationszeitalters ist ein Mensch, der einen organisatorischen Rahmen (ein Netzwerk) schafft, mit dem sich Mitarbeiter identifizieren können.

Eines der zentralen Bemühungen dieser Art von Unternehmer muss es sein, eine Unternehmensphilosophie zu schaffen und sichtbar zu machen, die Menschen inspiriert, sich in diesem Netzwerk zu engagieren. Hier wird nicht nur das Geld ein Anreiz sein, sondern auch das Klima, in dem gearbeitet wird.

Die Kommunikation nach innen und außen ist der Lebensnerv eines Netzwerkes. Denn: die Handlungsabläufe zu koordinieren ist in einem Netzwerk komplizierter, weil es aus dezentralen und unabhängigen Einheiten besteht. Die Kommunikation kann sich daher nicht auf den Austausch von Informationen beschränken. *Produktive Netzwerke brauchen eine Kultur des Austausches.* Desweiteren brauchen sie ein Design, das auf ihren Bedarf abgestimmt ist. Die Suchmaschinen des Internets haben längst eine wirtschaftliche Bedeutung, in der nicht nur das nackte Produkt zählt. Etwas herzustellen genügt nicht, um wirtschaftlich zu überleben. Das, was man anbietet, sei es ein Produkt oder eine Dienstleistung, muss auch gefunden werden können. Hier haben wir es nicht mehr mit der klassischen Werbung zu tun. Hier geht es nicht mehr darum, um jeden Preis aufzufallen. Es geht darum, von den Kunden gefunden zu werden, für die man arbeiten will.

Dies gilt nicht nur für große Unternehmen, sondern auch für Selbstständige und Kleinunternehmer. Eine transparente Webseite ist im Internetzeitalter keineswegs nur Selbstdarstellung, sondern ein Instrument zum Überleben. Der Faktor Design ist hier aus zwei Gründen bedeutend: Zum einen unterstützt ein transparentes Design die Orientierung für den Kunden, und zum anderen die Kommunikation innerhalb des Netzwerkes selbst. Es geht vielmehr darum, **wie** man miteinander umgeht. Die Form der Kommunikation spielt innerhalb eines Netzwerkes die zentrale Rolle. Die Designer müssen also Konzepte entwickeln, die den Bedürfnissen der Teilnehmer eines Netzwerkes entgegenkommen.

Diese Veränderungen in der Arbeitswelt erfordern Innovationen, die nur wenig mit Technologie zu tun haben. Hier geht es vor allem um Menschen und wie sie miteinander umgehen. Mit anderen Worten: Hier geht es um kulturelle Fragen im sozialen Verhalten.

3. Die so genannten »Spinner«

»Materiell hat Deutschland heute fast alles,
das Einzige was diesem Land fehlt, ist Fantasie«

Günter Netzer [19]

Im Erfinden technischer Neuerungen gehören deutsche Forscher zur Weltspitze. Die Stärken im Maschinenbau und in der Chemie sind unbestreitbar. Firmen wie Daimler und BASF zeugen vom scheinbar ungetrübten Glanz eines »Made in Germany«. Das Tüfteln und Erfinden ist ein Teil der Mentalität. Vieles, was dem modernen Menschen in seinem Alltag begegnet, sind Ideen aus Deutschland.

Jedoch wissen wir zu wenig über die Motivation der Menschen, die solche Dinge wie den Turnschuh, den Kaffeefilter, die Kleinbildkamera, die Zündkerze oder den Airbag hervorbringen. Zu wenig wissen wir über die Prozesse, wie Innovationen zustande kommen. Durch dieses Unwissen gehen nicht wenige Arbeitsplätze verloren, auch unsere Politiker und Manager wissen kaum etwas über die oft seltsamen Wege, wie neue Ideen entstehen. Ein innovationsfreundliches Klima bedeutet, günstige Bedingungen für Menschen zu schaffen, die nicht in das Raster passen, das die Mehrheit als »normal« bezeichnet. Eine Innovationspolitik muss darauf zielen, eine kreative Minderheit zu aktivieren. Es bedeutet die Gründung junger Unternehmen zu fördern, statt sie zu behindern. ***Hierbei geht es nicht nur um staatliche Fördermittel, sondern vor allem um eine neue Kultur im Umgang mit Ideen und Verbesserungsvorschlägen.*** Wir müssen daher untersuchen, in welchen Punkten die Normalität innerhalb unserer Organisationen die »Spinner« daran hindert, ihrer Arbeit nachzugehen.

Denn: Ebenso lang wie die Liste der erfolgreichen Innovationen

Künstler und Erfinder

aus Deutschland ist die Liste der Ideen, die auf dem Weg zur Vermarktung stecken blieben. In nicht wenigen Fällen wird das, was Innovatoren in Deutschland hervorbringen, andernorts erfolgreich vermarktet. Zu oft reagieren deutsche Hersteller gar nicht oder zu spät. Eines der bekanntesten Beispiele in diesem Zusammenhang ist der Walkman, der von dem Aachener Andreas Pavel erfunden wurde. Kein Hersteller in Deutschland zeigte Interesse. Erst Sony-Gründer Akio Morita erkannte das Potenzial und der Walkman ermöglichte Sony den Aufstieg an die Spitze der Unterhaltungselektronik. Der Walkman ist jedoch nur die Spitze des Eisberges. Das Verschlafen bahnbrechender Erfindungen hat eine lange Tradition in Deutschland, wie die Geschichte Rudolf Hells eindrucksvoll belegt: Der 1901 geborene Elektrotechniker meldete im Laufe seines Lebens 130 Patente an, darunter das Faxgerät und den Chromatografen, der erste funktionstüchtige Farbscanner.

Die Massenvermarktung übernahmen am Ende Unternehmen aus Fernost.

Ähnlich liegt der Fall des 1910 geborenen Konrad Zuse, der die erste Rechenmaschine der Welt baute und damit das digitale Zeitalter einleitete.

Das Erbe der Firma Zuse Apparatebau wusste später die Firma Siemens nicht erfolgreich zu nutzen, umso mehr der aufstrebende US-Konzern IBM. Konrad Zuse läutete das digitale Zeitalter ein, aber die deutschen Unternehmen waren nur am Rande am Erfolg des PCs beteiligt.

Dasselbe Muster ist beim Hybridmotor zu erkennen. An der Technischen Hochschule Aachen wurde das erste Mal eine Kombination aus Benzin und Elektromotor in einen VW-Bully eingebaut und dessen Fahrtüchtigkeit demonstriert. Deutsche Autohersteller wollten davon nichts wissen. Schon lange vor den Deutschen hat der Hybridmotor der Firma Toyota Ansehen und Profite beschert. Warum auch sollten deutsche Arroganz und Ignoranz mit Erfolg belohnt werden?

Ähnlich verlief die Vermarktung der MP3-Komprimierungstechnik. Das Team rund um Karlheinz Brandenburg entwickelte im Fraunhofer Institut das, was heute vor allem Apple mit dem iPod zu vermarkten versteht.

                    Erster Teil

Die deutschen Stärken liegen im Hervorbringen von technischen Innovationen. Sie liegen ebenso darin, vorhandene Produkte besser und effizienter zu machen. Die Schwächen sind – in einer globalen Wirtschaft – weit folgenschwerer. Es fehlt an Fantasie und Vorstellungskraft für das, was die Menschen bewegt, was sie motiviert, und welche Art von Produkten und Dienstleistungen die Zukunft bestimmen **könnten**. Nicht das Fehlen von Ideen und Kompetenzen ist zu beklagen, sondern der Mangel an unternehmerischer Aktivität und unternehmerischem Instinkt.

Wer danach fragt, warum so viele deutsche Erfindungen keine unternehmerische Form finden, wird im Kern auf kein materielles, sondern auf ein mentales Problem stoßen. Dieses mentale Problem lässt sich an drei Punkten festmachen:

1. Die staatliche Überregulierung auf der einen und eine übertriebene Anpassung auf der anderen Seite.
2. Mangelnde Offenheit für neue Ideen und die Tendenz, sich in Fachschaften einzukapseln, sowie eine mangelnde Öffentlichkeit für neue Ideen und Innovationen außerhalb von Fachschaften.
3. Mangelndes unternehmerisches Denken im Sinne von Entrepreneurship.

Diese drei Ursachen bedingen ein innovationsfeindliches Klima, das zu oft neue Ideen und Innovationen ignoriert und stattdessen Anpassung unterstützt.

Die Unterschiede sind das Potenzial: Wenn man dieses Klima überwinden möchte, müssen die Bedingungen für eine kreative Minderheit verbessert werden. Hier brauchen wir sowohl Fachleute, die in der Lage sind, das Potenzial einer Idee einzuschätzen, als auch eine Organisationsstruktur, in der nicht Anpassung, sondern Innovation belohnt wird. *Wir müssen uns der Antwort auf die Frage annähern: Wie muss eine Organisation des ständigen Wandels strukturiert sein?* Voraussetzung ist ein neues Verhältnis zwischen Künstlern und Unternehmern. So schreibt Günther Faltin: *»In unserer Kultur werden Künstler und Unternehmer in der Regel als Gegensätze gesehen. Danach ist der Künstler ein Mensch, der einen eigenen Stil kreiert, wenn er seinen Visionen folgt, der Unternehmer hingegen der Vertreter des ökonomischen Kalküls, dem es in erster Linie darum geht, Gewinne zu erzielen. »Geist« und »Geld« haben sich in Deutschland noch nie gut vertragen. Die Verachtung der Zirkulationssphäre und Gleichsetzung von Gewinn mit etwas Bösem ist zumindest seit der Romantik Grundausstattung fast jeder antibürgerlichen und antikapitalistischen Gesellschaftskritik. Statt sich spinnerfeind zu sein, sollten wir lieber miteinander spinnen.«* [20]

Dieses »miteinander spinnen« erfordert ein Bemühen, die jeweils andere Partei zu verstehen. Man kann es auch so sagen: Künstler und Unternehmer sind nicht gleich. ***Im Bereich Entrepreneurship jedoch können sich ihre Fähigkeiten ergänzen. Das Potenzial liegt in ihren Unterschieden.*** Einen ernsthaften Künstler kann man nämlich durchaus als einen Fachmann für Ideen betrachten. Beide, sowohl Künstler als auch Unternehmer, können eine Idee aus zwei vollkommen unterschiedlichen Positionen betrachten. In etwa so, wie ein Bäcker den Arbeitsablauf von den Zutaten bis zum fertigen Brot kennt, kennen Künstler und Erfinder den Weg, Ideen eine Form zu geben. ***Die Künstler betrachten Ideen von ihrer Wirkung hinsichtlich der zentralen Lebensfragen und die Erfinder die technisch-pragmatische Seite einer bestimmten Idee. Erst beide Perspektiven zusammen ermöglichen eine Abschätzung der möglichen Gesamtwirkung einer neuen Idee oder Innovation.***

Bei allem, was Künstler und Unternehmer trennt, gibt es auch zahlreiche verbindende Fähigkeiten. Diese sind aufschlussreich: sowohl Künstler als auch schöpferische Unternehmer zählen zu den Visionären einer Gesellschaft. Künstlerische Arbeitsprinzipien und Innovationsprozesse laufen nach einem ähnlichen Muster ab. In beiden Fällen geht es darum, einer immateriellen Idee eine sichtbare ***Form*** zu geben. Wie in der Kunst geht es im Entrepreneurship darum, einer Idee, die zunächst nur als Vorstellung

 Erster Teil

existiert, eine sichtbare und lesbare Form zu geben. Der Erfinder baut einen Prototyp, z.B. ein Modell seiner Erfindung. Der Künstler transportiert seine Idee über ein Medium seiner Wahl, z. B. als Buch, Bild oder Musikstück.

Mit der Fertigstellung eines Prototyps oder eines Modells endet der Schöpfungs-Prozess. Erfindungen können danach sowohl gebraucht, als auch missbraucht werden. Die Kutsche ohne Pferd, die Karl Benz gebaut hat, ist heute etwas völlig anderes. Die simple Tatsache, dass sich Erfindungen, einmal in die Welt gesetzt, nicht mehr zurücknehmen lassen, mag im Fall einer Solarbratpfanne unerheblich erscheinen. Im Falle der Atombombe sieht die Sache jedoch ganz anders aus. Selbst, wenn wir es wollten, können wir einmal gemachte **Erfindungen** nicht mehr aus der Welt schaffen. ***Daraus ergibt sich, dass eine von sinnvollen* Innovationszielen *und verbindenden Grundlagen losgelöste Art von Entrepreneurship nicht betrieben werden sollte.***

Ein weiterer Punkt, der die Künstler und die Erfinder verbindet, ist, dass sie sich in ihrer Motivation deutlich von den Problemlösern unterscheiden. Beide folgen einem inneren Bild, einer Vision. Sie handeln meist ohne Auftrag und folgen ihren Instinkten. Gewinnmaximierung ist in den meisten Fällen nicht der Antrieb eines Künstlers oder eines Entrepreneurs. Beide wollen ihre Visionen realisieren und Veränderungen umsetzen. Der Vorwurf der Gewinnmaximierung trifft also gerade auf die Entrepreneurs in den wenigsten Fällen zu.

Desweiteren finden sich thematische Überschneidungen zwischen beiden Gruppen. In vielen Fällen haben Künstler technischen Forschergeist bewiesen und nicht selten haben Erfinder künstlerische Begabungen. Das ist kein Zufall! Visionäre versuchen, ihre Vision durch visuelle Ausdrucksmittel zu konkretisieren: der Erfinder durch technische Zeichnungen, der Künstler durch Skizzen und Entwürfe, um sein Werk an seine Vorstellungen anzunähern. Etwas, was noch nicht existiert, bahnt sich durch diese Arbeit den Weg in das, was die Mehrheit Realität nennt. So wie ein Architekt sich über Skizzen, Zeichnungen und am Ende einem konkreten Bauplan dem Haus seiner Vorstellung annähert, das er bauen will, nähern sich Visionäre ebenfalls über Skizzen ihrem inneren Bild an. Für die Visionäre ist das, was noch nicht zu sehen ist, schon lange, bevor etwas da ist, ein Teil ihrer Realität. Es geht in beiden Fällen um Zukunftsentwürfe.

Dieses Prinzip gilt auch für immaterielle Produkte wie ein Konzept oder ein Musikstück. Keith Richards, der Gitarrist der Rolling Stones, hat den Vorgang, wie man unsterbliche Hits produziert, einmal in etwa so beschrieben: »Die Lieder liegen in der Luft, ich bin nur derjenige, der sie hören kann.«

Mit anderen Worten: weder Künstler noch Erfinder arbeiten am Werk, sondern das Werk arbeitet im Künstler. Von Richards wissen wir, dass er oft nächtelang die Tonträger der schwarzen Bluesmusiker erforschte. Aus dieser Grundlage machte er dann wiederum etwas ganz Neues und Unverwechselbares. Dem Schöpfungsprozess geht also eine intensive, geistige Beschäftigung voraus – so intensiv, dass die Schöpfer manchmal davon träumen. Von mindestens einem Gitarrenriff träumte Richards und schrieb ihn sich sofort auf, als er kurz aufwachte. Das heißt, die Werke kommen nicht aus dem Nichts, sondern es geht der Geburt einer neuen Idee immer eine fieberhafte und intensive geistige Beschäftigung mit einer bestimmten Sache voraus. Die geniale Idee, die aus dem Nichts kommt, ist bis auf wenige Ausnahmen ein Mythos. So lässt sich zum Beispiel nur schwer erklären, woher der junge Mozart seine Musik nahm. Künstler und Erfinder sind aber meistens Geburtshelfer von Etwas, was bereits in vielen Köpfen existiert. In dieser schöpferischen Ursuppe gibt es auch keine klare Trennung zwischen der Welt der Technik und der Welt der Kunst.

Von den Skizzenbüchern eines Leonardo da Vinci, der viele technische Innovationen zeichnete, bevor sie wirklich erfunden wurde, bis zu Artur Fischer, der nach einem erfolgreichen Erfinderleben mit dem Malen anfing, gibt es Überschneidungen zwischen Kunst und Technik.

»Die Grundelemente beim Malen sind dieselben wie beim Erfinden. Bei-

     Erster Teil

des kommt aus der Seele des Menschen«, sagte A. Fischer einmal in einem Interview. [21] Konrad Zuse, Begründer des digitalen Zeitalters, war Kunstmaler und Zeichner von Karikaturen.

Doch kein Künstler vereint die Fähigkeiten eines Künstlers und die eines Erfinders auf so erstaunliche Weise wie der Comiczeichner Rödger Feldmann. Dieser erzählt mit seinen Comics und seiner Figur WERNER Geschichten aus dem Leben eines Erfinders. Das Erfinden und Austüfteln neuer, seltsamer Motorräder und anderer Fahrzeuge ist mehr als ein Hobby des Zeichners. Viele der WERNER-Geschichten sind ohne diese Tüfteleien nicht denkbar und in vielen Geschichten sind diese Erfindungen die eigentliche Hauptsache. Wer etwas über die Welt von Erfindern und Tüftlern erfahren möchte, muss WERNER lesen.

Es ist alles andere als ein Zufall, dass eine der erfolgreichsten deutschen Comicfiguren ein Tüftler ist. Diese mit ihren technischen Talenten und Fantasien sind ein wichtiger Ausdruck der deutschen Mentalität. Feldmann macht mit seinen Geschichten exakt an dem Punkt weiter, wo Karl Drais aufhörte : mit der gleichen Lust am Spiel. Oft wird auf eine unterhaltsame Weise ein Stück Mentalitätsgeschichte erzählt. WERNER ist eine authentische Figur. Geradezu selbstverständlich ist der ideenreiche WERNER in den Geschichten arbeitslos. (Arbeitslos und Spaß dabei!). Diese Situation ist keineswegs konstruiert : wer in Deutschland Ideen hat, hat die besten Aussichten, beim Arbeitsamt zu landen. Da Ideenunternehmer in der Regel keinem normalen Berufsweg folgen, sind diese in den meisten Fällen »schwer zu vermitteln.«

Deutsche Bürokraten haben keine Formulare für Entrepreneurs. So geraten beide Gruppen, Erfinder und Künstler, sehr oft in eine prekäre Lage. Weder passen die Standardverfahren zu ihrem Berufsziel, noch passen sie in die Denkschablonen deutscher Regelungsinstanzen. So teilen Künstler und Erfinder oft genug das Schicksal, dass sie offiziell gar nicht existieren, weil es für sie keine passenden Berufsbezeichnungen gibt. Dies sind aber nicht die einzigen Felder, in denen Ideenunternehmer mit der vorhandenen Ordnung kollidieren.

Künstler und Erfinder　　　　　　　51

Der Innovator, der innerhalb einer bestehenden Organisation eine neue Idee umsetzen will, wird oft als Störfaktor empfunden. Denn: *Innovationen sind eine Revolte gegen den laufenden Betrieb.* In diesem Punkt zeigt sich, dass kreative Prozesse nach ähnlichen Mustern ablaufen. Sowohl Erfinder als auch Künstler stellen durch ihre Arbeit oft eine bestehende Ordnung infrage. Und beide Gruppen haben eine gewisse Scheu davor, in eine starre Ordnung eingebunden zu werden. So kommt es oft, dass als Störfaktor wahrgenommene Künstler und Erfinder innerhalb bestehender Organisationen auch bekämpft werden. *Die Arbeit des Künstlers und die des Erfinders besteht in vielen Fällen nämlich darin, eine neue andere Ordnung zu suchen und zu finden.* Eine wirklich bahnbrechende Innovation stellt die bestehende Ordnung auf jedem Fall infrage. Neil Postman hat über neue Technologien geschrieben: *»Eine neue Technologie fügt nichts hinzu, sie verändert alles.«* [22]

Dass Künstler ihre Schwierigkeiten mit bestehenden Ordnungen haben, ist bekannt. Deutschland hat es nie an Künstlern gefehlt, die im Widerspruch zu dem ausgeprägten Bedürfnis der Mehrheit nach Ordnung standen. Berühmt ist das Heine-Zitat: »Denk ich an Deutschland in der Nacht, bin ich um den Schlaf gebracht«. Erich Kästner hat sich dazu in etwa so geäußert: »Egal, was sie machen, am Ende kommt immer eine Art Kaserne heraus.« Der Zeichner Horst Janssen begründete seine Furcht vor der übertrieben geordneten Zukunft so:

»Die Gesellschaft der Zukunft ist von vornherein geordnetes Leben per Informatik. Und den nächsten Ordnungsschritt macht dann die Gentechnik (…)Krüppel weg – Gesundes zu Gesundem. Aus all diesen Ordnungs-Sehnsüchten guckt das Faschistoide raus. Und wenn ich jetzt weiterspinne, ist die Gewissheit der Zukunft Faschismus und das heißt: Ordnung total, und totale Ordnung ist nicht mal das halbe Leben – es ist der Tod.« [23]

Diese Ängste der Künstler und Innovatoren sind keine unbegründeten Marotten. Eine übertriebene Ordnung gefährdet ganz einfach die Arbeitsbedingungen kreativer Köpfe. *Innovationsprozesse können daher nicht innerhalb einer* starren *Ordnung ablaufen.* Sie folgen ihrer eigenen Dynamik. Diese lässt sich nicht vollkommen durchplanen. Wir müssen deshalb Künstler und Erfinder von den Problemlösern, die nicht ohne eine vorgegebene Ordnung auskommen können, unterscheiden. Künstler und Erfinder sind Menschen, die etwas sehen oder spüren können, was noch nicht oder noch nicht ganz da ist. Das heißt, beide Gruppen sind in der Lage, sich im Neuland, Orientierung zu verschaffen. Daher kann man beide Gruppen zu den professionellen Visionären zählen, die Pionierarbeit leisten, weil sie das Unbekannte nicht schreckt.

An diesem Punkt lassen sich konkrete Aussagen darüber machen, wie eine Organisation des ständigen Wandels strukturiert sein muss: Wenn Veränderungen innerhalb einer Organisation als Normalität wahrgenommen werden sollen, ist es unabdingbar, dass die Spielregeln, nach denen man arbeitet, verändert werden können. *Spielregeln zu erarbeiten und Spielregeln zu verändern, muss hier zu einer Routine werden. Ebenso lässt sich sagen, dass Innovation abgekoppelt vom laufenden Betrieb stattfinden muss. Oder anders gesagt: Sie braucht ein »Kinderzimmer«.* Gleichzeitig ist aber ebenfalls klar, dass auch die Kreativen nicht völlig losgelöst von dem agieren können, was innerhalb einer Organisation geschieht. Deshalb braucht eine Organisation des ständigen Wandels eine Kultur des Austausches. Innerhalb einer Organisation des ständigen Wandels muss ein möglichst lebendiger Diskurs um die Innovationsziele, die immer wieder neu ausgerichtet werden müssen, stattfinden.

Zusammenfassung: Eine Zusammenarbeit zwischen Künstlern und Unternehmern im Bereich Entrepreneurship und Social-Entrepreneurship ist sinnvoll. Innovationen sind oft Reaktionen auf Veränderungen, die sich in der Gesellschaft vollziehen. Unternehmer wollen Veränderungen nutzen, indem sie mit Innovationen auf diese Veränderungen reagieren. Künstler nehmen gesellschaftliche Veränderungen früher wahr und sind in der Lage, die soziale Wirkung einer neuen Innovation einzuschätzen. Die möglichen Aufgaben für Künstler in diesem Bereich gehen daher weit über die Darstellung und Präsentation neuer Ideen hinaus.

Der Künstler und der Entrepreneur sind einander nicht gleichzusetzen. Beide folgen unterschiedlichen Motivationen. Doch Innovationsprozesse und künstlerische Arbeitsmethoden ähneln sich. Auf der Basis gemeinsamer Arbeitsprinzipien ist eine sich ergänzende Zusammenarbeit möglich. Designer und Künstler in Bezug auf Entrepreneurship ernst zu nehmen, bedeutet die Möglichkeit, Innovationen schneller und gezielter umzusetzen.

Wünschenswert wäre, wenn sich Künstler und Designer als Anwalt für gute Ideen verstehen.

Zweiter Teil
Rückblick

4. Warum brauchen wir eine effektive Innovationspolitik?

Die Frage möchte ich mit drei Argumenten beantworten:

a. Um die Veränderungsresistenz zu überwinden.
b. Weil wir auf den Klimawandel reagieren müssen.
c. Weil eine Mediengesellschaft neue Formen der Mitbestimmung braucht.

a.) Wir brauchen eine effektive Innovationspolitik, um die Veränderungsresistenz zu überwinden.

In diesem zweiten Teil beleuchte ich die historischen Wurzeln des innovationsfeindlichen Klimas in Deutschland. In einer Mentalitätsgeschichte wird sowohl die Epoche der Innerlichkeit, als auch deren Folgen beschrieben.

Die Überregulierung der Gegenwart und die Tendenz zur Abgrenzung (bzw. die mangelnde Offenheit) lassen sich besser verstehen, wenn man die Wurzeln dieser Erscheinungen kennt. Ein Schlüssel zum Verständnis dieser Phase ist das Wissen darüber, was in ihr *nicht* geschehen ist. *So hängt der historische Prozess der Innerlichkeit mit dem Nicht-Entstehen einer offenen politischen Bühne zusammen.* Die Bühne ist zunächst eine Metapher für eine Form von Öffentlichkeit, die es der Mehrheit ermöglicht, den Zustand der Uneinigkeit *selbst* zu überwinden. Diese Bühne konnte in Deutschland durch die Kleinstaaterei und die damit erzeugte politische Rückständigkeit erst sehr spät entstehen. Deshalb wurden politische Veränderungen in den meisten Fällen »*von oben*« eingeleitet und umgesetzt. Aus diesem grundsätzlichen Mangel bezog die deutsche Innerlichkeit ihre destruktiven und konstruktiven Energien.

So bildete sich *anstatt* einer offenen Diskurskultur eine Regelungskultur, die bis heute existiert. Außerdem bildeten sich *anstatt* politischer

Ausdrucksformen individuelle Fähigkeiten heraus. Die Energien der Innerlichkeit wirken bis in die Gegenwart.

Die öffentliche Bühne hat nach meinem Verständnis auch eine Ventilfunktion in einer Gesellschaft. Hier können Energien abgebaut werden. Fehlt dieses Ventil, wie es in der deutschen Innerlichkeit der Fall war, so lässt sich das mit einem Dampfkessel ohne Überdruckventil vergleichen, dessen Energien nicht abgebaut werden können. Je mehr Energie zugefügt wird, umso höher wird der Druck. Irgendwann kommt unweigerlich der Punkt, an dem der Kessel explodiert. Führt man das Bild des Dampfkessels weiter, meint es die Energie der individuellen Fähigkeiten. Fähigkeiten, die sich in praktischen Erfindungen ebenso niederschlugen wie in einem dynamischen kulturellen Schaffen. (d.h. Dichter und Denker). Diese Energien können sowohl konstruktiv als auch destruktiv wirken.

Ich betrachte in diesem Rückblick das Verhältnis zwischen Praktikern und den künstlerischen Kräften (Erfinder und Künstler). Man kann von einer mentalen Spaltung sprechen, die nur selten überwunden wird: auch hier spielt die nicht vorhandene öffentliche Bühne eine Rolle, denn beide Strömungen haben sich aus vollkommen getrennten Sphären entwickelt und konnten sich nicht befruchten und ergänzen. Noch heute haben einzelne Berufsgruppen und Branchen in Deutschland die Tendenz, eingekapselte Fachschaften zu bilden. Die Bühne dient deshalb sowohl zum Verständnis des historischen Vorgangs, als auch Instrument, um die Veränderungsresistenz zu überwinden. Es geht um die Frage, wie man eine Brücke zwischen Praktikern und Kulturkräften bauen kann. Unter einer effektiven Innovationspolitik verstehe ich deshalb eine Politik, die der Tendenz eingekapselte Fachschaften zu bilden, entgegenwirkt.

b.) Wir brauchen eine effektive Innovationspolitik, um auf den Klimawandel zu reagieren.

Es gibt gute Gründe für die Deutschen, auf den Klimawandel zu reagieren und ihn zu *ihrer* Sache zu machen. Als Land, das nur wenige Bodenschätze aufzuweisen hat, müssen andere Stärken genutzt werden: die

Innovationskraft und die Stärken der Chemie und des Maschinenbaus. Um den Klimawandel zu bewältigen, genügt eine Hightech-Strategie jedoch nicht. Deshalb wird eine Gesamtstrategie benötigt, die auch die Kräfte der Kultur mit einschließt. Eine solche Innovationspolitik kann deshalb sowohl Arbeitsplätze schaffen, als auch identitätsstiftend wirken.

Warum ist das so?

Politisch und territorial wiedervereinigt sind die mentalen Spaltungen nicht überwunden. Deutschland ruht nicht in sich. Nach Hitler ist das kollektive »Wir« mehr denn je infrage gestellt.

Ein »Wir«, auf das man sich positiv beziehen kann, muss in der Geschichte verankert sein. Deshalb sind alle Versuche, es künstlich zu schaffen, zum Scheitern verurteilt. So funktioniert z. B. das Konzept einer »Leitkultur« ebenso wenig, wie der Versuch, eine Identifikation über die Freundlichkeit zu schaffen. So ist es zwar möglich, eine zeitlang organisierte Gastfreundschaft zur Schau zu stellen, wie etwa bei der Fußballweltmeisterschaft 2006 (das Motto lautete: »Zu Gast bei Freunden«). Für ein kollektives »Wir« reicht das jedoch nicht aus. Die deutsche Mentalität tendiert eindeutig zur Geschlossenheit und Selbstbezogenheit. Deshalb fällt Freundlichkeit als Feld der Identifikation aus.

Gerade, weil sich dieses »Wir« nicht leicht bilden lässt, verstärkt sich der Individualismus, in dem man seine persönlichen Fähigkeiten betont. Dieser Zug fördert ein Klima, in dem Konkurrenzdruck vorherrscht. Anders gesagt: Die Tendenz zur Ich-AG erschwert einen entspannten Umgang mit dem »Wir«. Aus diesem Grund sagte Nietzsche, dass die Frage: »Was ist deutsch?«, nicht aussterben kann. Man ist bewusst oder unbewusst auf der Suche nach diesem »Wir« und kann es doch immer wieder nur an den individuellen Unterschieden festmachen. Das erzeugt Unruhe und für die Europäer spielt diese deutsche Unruhe eine nicht unerhebliche Rolle. Sie muss als eine Art von Energie aufgefasst werden, die konstruktiv aber auch destruktiv wirken kann.

Es gibt zwei Felder, auf denen sich ein positives »Wir« begründen lässt. Beide Felder sind in der Geschichte verankert und Ausdruck von zwei

Kräften, die seit der Innerlichkeit aufeinander reagieren: das Feld der Kultur und das Feld der Praktiker.

Im Schatten der Kulturleistungen stehen bis heute die technisch-pragmatischen Talente, die die Mehrheit auszeichnet. Diese Talente sind weitgehend unbeachtet. Aber: Wer nichts über die Praktiker weiß, wird die Funktion der Kultur in Deutschland nicht verstehen können. Wenn man das Kräfteverhältnis dieser beiden Pole untersucht, so lässt sich sagen, dass die Kräfte der Kultur zwar Deutschlands Prestige prägen, aber nur wenig zu sagen haben. Der Takt in Deutschland wird von den Praktikern bestimmt. Das Verhältnis dieser beiden Kräfte zueinander bestimmt die deutsche Problematik in Vergangenheit und Gegenwart.

Die Kultur in Deutschland hat eine klare Funktion: Sie ermöglicht das nüchtern-pragmatische Klima, das hierzulande herrscht, emotional erträglich zu machen. Der deutsche Drang des Formalisierens und Spezialisierens schafft eine geordnete aber auch langweilige Alltagswelt, die emotionale Defizite erzeugt. Es gibt zwei traditionelle Strategien, diesem radikalen Pragmatismus zu begegnen: die Kultur und die Gemeinschaft. Beide Strategien zusammen ergeben einen Kulturbetrieb, der wie ein geschlossenes Planetensystem um sich selbst kreist, sozusagen als Gegenwelt, um die deutsche Normalität auszuhalten.

Die mentale Spaltung zwischen diesen Sphären speist auch den Widerspruch, Innovationen hervorzubringen, diese aber oft ungenutzt zu lassen. Die Sphäre der Kultur bleibt unberührt von der Welt der Praktiker. So kommt es, dass die Deutschen zwar führend in der Umwelttechnologie sind, dies aber nicht genügend zu nutzen verstehen. Es fehlt die Anerkennung und die Unterstützung der Kulturkräfte, die der pragmatischen Basis eine Öffentlichkeit und Anerkennung verschafft – ebenso fehlt eine politische Gesamtstrategie. Eine effektive Innovationspolitik bietet die Möglichkeit, die beiden Kräfte zusammenzubringen, denn: ***Der Klimawandel erfordert nicht nur technische Innovationen, sondern auch eine Kultur im Umgang mit Technologie.*** Die Bühne, von der ich spreche, stellt auf der Suche nach Lösungen auch eine Brücke dar, auf der sich beide Kräfte verbinden können.

c.) Wir brauchen eine effektive Innovationspolitik, weil eine Medienge-sellschaft neue Formen der Mitbestimmung braucht.

Eine funktionierende politische Öffentlichkeit im Sinn einer Bühne ist in Deutschland erst nach 1945 entstanden. Nach einer schwierigen Kindheit ist sie heute sozusagen in der Pubertät. Dennoch braucht diese Bühne eine Erneuerung, um einer Mediengesellschaft gerecht zu werden. So ist z.B. durch das Internet mehr direkte Demokratie möglich. Die medialen Bühnen werden in der Zukunft eine entscheidende Rolle einnehmen, wenn es darum geht, Veränderungen einzuleiten. Diesem Wandel kann sich auch Deutschland nicht verschließen. Die Mediengesellschaft erfordert neue Formen der Mitbestimmung.

In der politischen Landschaft spielen die mentalen Spaltungen zwischen Praktikern und Kulturkräften ebenso eine Rolle. Der mentale Graben bezeichnet eine Besonderheit der politischen Landschaft in Deutschland: nämlich eine vielfältige und lebendige Umweltbewegung. Die Anti-Atomkraft-Bewegung der Grünen zeigt sich hier als Kraft gegen den unbekümmerten Umgang mit der Technik. **Die Grünen sind eine deutsche Erscheinung und ein Zufall ist das nicht.** Diese Bewegung ist auch eine Reaktion auf die kriegerische Technologieorgie des Dritten Reiches.

Ein unbekümmertes »Weiter so«, als sei nichts gewesen, hat eine lebendige politische Bewegung geschaffen, die sich zuerst in einem »Dagegen« zusammenfand. Dieses »Dagegen« vertieft jedoch den Graben zwischen Praktikern und politisierten Kräften. Ein Drama, denn die Deutschen haben sich in der Geschichte als innovative Werkzeugmacher bewiesen und diese Leistungen sind in der Mentalität tief verankert. Sie verdienen Anerkennung.

Dort, wo die mentalen Gräben tief sind – und das ist in Deutschland der Fall – müssen die Brücken weiter und gründlicher gespannt werden. Die Erneuerung der demokratischen Bühne ist deshalb eine der dringlichsten Aufgaben der Politik.

Doch welche Faktoren verhindern diese Erneuerung? Alle Ursachen, die sich hemmend auf ein unverkrampftes öffentliches Klima auswirken, werden im nachfolgenden Rückblick genauer beleuchtet. Es sind vier Faktoren, die ein solches Klima erschweren und damit auch die Veränderungsresistenz erzeugen.

Der erste Faktor ist eine historische Tatsache. Hitler missbrauchte die noch neuen Massenmedien gründlich. Es ist deshalb nachzuvollziehen, warum in Deutschland ein Misstrauen in Bezug auf die unbekümmerte Nutzung von Massenmedien seitens der Politik existiert. Darüber hinaus lässt sich seit Martin Luther ein in der Mentalität verankertes Misstrauen gegen die öffentliche Inszenierung nachweisen. Alle weiteren Faktoren haben direkt mit dieser Mentalität zu tun.

Den zweiten Faktor habe ich genannt: die Spaltung zwischen den pragmatischen und den kulturellen Kräften. Der dritte Faktor hängt ebenfalls damit zusammen: die Schwierigkeit, ein kollektives »Wir« zu begründen, wirkt sich in der Tendenz zu einer Gemeinschaft aus, die zur Geschlossenheit neigt. Deshalb tendiert der deutsche Freiheitsbegriff stärker zur persönlichen statt zur gesellschaftlichen Freiheit (Faktor vier). Dies zeigt sich in dem besonderen Verhältnis der Deutschen zur Arbeit. Der sichere Arbeitsplatz steht in der Werteskala weit höher als jedes gesellschaftliche und öffentliche Handeln, denn der Arbeitsplatz sichert die *persönliche* Freiheit.

Die Mentalitätsgeschichte bietet einen Einblick in die Wurzeln dieser Problematik. Es geht darum, einen Zugang zu den deutschen Widersprüchen zu ermöglichen, die mit der Schwierigkeit zusammenhängen, ein unverkrampftes öffentliches Klima herzustellen. Das gilt für die Demokratie ebenso wie für die Wirtschaft.

Zugespitzt kann man es so beschreiben: die deutsche Mentalität stemmt sich mit ihrer Eigenwilligkeit gegen die Idee von Öffentlichkeit im Sinn einer Bühne. Die Innerlichkeit ermöglicht, zu verstehen, warum der Weg vom »eigenen Süppchen« zum »gemeinsamen Süppchen« in Deutschland besonders lang ist. Wir haben ein grundsätzliches Problem, uns einig zu werden. Warum ist das so?

    Zweiter Teil

Zu sehr belasten wir die Demokratie mit den emotionalen Ansprüchen und mentalen Prägungen der Gemeinschaft. Wir sind das privateste Volk der Welt, in dem Abgrenzung und Selbstbezogenheit den Alltag prägen. Man ist zwar offen im kleinen intimen Kreis, besitzt jedoch wenig Talent, in der Öffentlichkeit eine Rolle zu spielen – aber gerade, weil das so ist, brauchen wir in Deutschland eigene Formen, die diese Mentalität berücksichtigen.

Es macht keinen Sinn, auf Offenheit zu setzen, wenn eben das die Mehrheit mit jeder Faser ihrer Mentalität ablehnt. In der deutschen Geschichte zeigt sich immer wieder die Abneigung gegen den zutiefst künstlichen Charakter der öffentlichen Bühne. Die Idee der Öffentlichkeit verlangt weniger Ehrlichkeit als die Lust an der Maske und am Spiel – und eben an diesem Punkt fangen die deutschen Probleme an. Zu lange ist in unserer Geschichte »von oben« gestaltet und gelenkt worden.

Ein öffentliches Klima sowohl in der Demokratie als auch im Wirtschaftsleben ist nie Zufall. Es muss künstlich hergestellt und organisiert werden. Die Öffentlichkeit im Sinn einer Bühne erfordert die Lust am Spiel, die Lust mitzugestalten.

Aus der deutschen Innerlichkeit und ihren katastrophalen Folgen lassen sich zwei grundsätzliche politische Konsequenzen ziehen, die ebenfalls für eine effektive Innovationspolitik sprechen. Erstens: Es ist besser für Europa, wenn die Deutschen sich für Umwelttechnologie statt für Waffentechnologie engagieren. Zweitens: Arbeitsplätze in Deutschland schaffen bedeutet Friedenssicherung für Europa.

5. Die Innerlichkeit

Historiker graben Stollen in die Vergangenheit. Um von den Widersprüchen der deutschen Geschichte verschont zu bleiben, betreten wir den Stollen, den Helmuth Plessner für uns gegraben hat. Das heißt, wir betrachten die Geschichte der Deutschen als die Geschichte einer »verspäteten Nation« und die eines *»Volkes von Einzelnen«*.[24]

Es geht dabei um die Unterlassung der Mehrheit der Bevölkerung, genügend Einfluss auf öffentliche Belange zu nehmen und diese mitzugestalten. Ein Gebiet, das die Deutschen erst sehr spät erobert haben: das Feld unmittelbar vor der Haustüre, den öffentlichen Raum. Die Geschichte des deutschen Schweigens zu öffentlichen Angelegenheiten beginnt um 1500 mit dem Mönch Luther. Martin Luther hat nicht nur die Bibel ins Deutsche übersetzt, sondern man ist sich einig, dass er damit eine einheitliche deutsche Sprache schuf.

»Luthers Sprachgewalt ist ohne Vergleich und kaum je wieder erreicht worden. Woher er diesen Reichtum bezog, lässt sich schwer begreifen; ein Mönch mit strikt lateinischem Wortschatz war er fünfzehn Jahre lang gewesen. Lateinisch schrieb er auch weiterhin, wenn er sich an die Gelehrtenwelt und das Ausland wandte. Er versteht sich ebenso gut auf den Humanistenbrief mit viel Schmeichelei und Werben um Bundesgenossenschaft wie auf die derbe Abfertigung eines untergeordneten Gegners. Aber erst im Deutschen, das er auf Wanderungen von der Landstraße aufgehascht haben mochte, entfaltete er alle seine Kräfte. Man sprach kräftig damals; er konnte aus einer Vielfalt schöpfen, die für jedes Ding ein Dutzend Bezeichnungen kannte, für jedes Handwerk eine eigene, reich gegliederte Berufssprache.«[25]

Wir müssen diese Schöpfung anerkennen und uns gleichzeitig klarmachen, dass Deutschland zu dieser Zeit ein zergliedertes Gebilde war: zerrissen und undurchschaubar.

Luther gab nun den Menschen in diesem uneinigen *Zustand der Kleinstaaterei eine* **einheitliche** *Sprache.* Er gab den Deutschen in ihre kleinen Welten ein Buch: die Bibel.

Ein Buch in einer einheitlichen Sprache bedeutete natürlich noch kein geeintes Land. So dürfen wir uns diese Leute auch nicht als ein Volk, sondern müssen es uns als ein *Volk von Einzelnen* vorstellen, das in kleinen Welten arbeitete, Krieg führte und kaum offen miteinander sprach.

Seit Luther stand jede Form von Öffentlichkeit unter Verdacht, denn dem öffentlich gesprochenen Wort, ausgelegt und missbraucht durch die geistlichen Instanzen und die Landesfürsten, traute man nicht mehr. Gerade deshalb machte Luther den Deutschen die Bibel zugänglich. Ganz wörtlich zu nehmen ist deshalb das Motto: »*Jedermann sein eigener Priester*«. [26]

Wir müssen uns diesen Gegensatz genau vor Augen halten: Einerseits waren die Deutschen unfrei und willkürlichen Kräften ausgesetzt, sodass »Ruhe und Ordnung« einer ihrer Grundwerte war, denn wenn es schon keine politische Ordnung gab, so wollte man Ordnung wenigstens in seiner unmittelbaren Umgebung vor Augen haben. Andererseits fühlten sie sich nun durch das Lesen der Bibel mit der höchsten Instanz, mit Gott, verbunden. In diesem Missverhältnis zwischen äußeren Umständen und innerer Freiheit entstand das, was man später die »deutsche Innerlichkeit« nannte. In den privaten Innenräumen huschten nun Augen über Buchstaben. In aller Stille war man dort mit dem Herrgott verbunden. Bemerkenswert sind vor allem die Umstände zwischen der inneren Freiheit und den äußeren Zuständen. Luther meinte nie die politische Freiheit, sondern ausschließlich die geistige. Thomas Mann hat es so gesagt:

*sondern die politische Freiheit, die Freiheit des Staatsbürgers – die ließ ihn nicht nur kalt – sondern ihre **Regelungen** und Ansprüche waren ihm in tiefster Seele zuwider.«* [26.1]

Alles, was Deutschland später hervorbringen sollte, ist von dem eigentümlichen Widerspruch der Freiheit der Gedanken und der Ohnmacht vor der eigenen Tür geprägt. Klaus Mann hat das Drama so beschrieben:

»Wir hatten die Reformation anstelle einer Revolution. Das innere Leben – das Gewissen – wurde durch Luthers Tat befreit; die sozialen Verhältnisse hingegen blieben unverändert. Große Deutsche haben es stets unter ihrer Würde gefunden, sich mit sozialen Problemen und Nöten zu befassen. Als Folge haben die Deutschen weniger politische Kultur als sämtliche Völker der Erde. Ihr völliger Mangel an politischem Instinkt und Wissen wirkt umso beunruhigender, da er mit wohlbekannten Tüchtigkeiten in anderen Fragen verknüpft ist. Als Gruppe sind die Deutschen eine Katastrophe. Goethe hat das einmal in seiner kühlen, objektiven Sichtweise so formuliert: »Ich habe oft einen bitteren Schmerz empfunden bei dem Gedanken an das deutsche Volk, das so achtbar im Einzelnen und so miserabel im Ganzen ist ... Deutschland ist nichts, aber jeder einzelne Deutsche ist viel, und doch bilden sich Letztere gerade das Umgekehrte ein.« [27]

Auf dieses Missverhältnis zwischen geistiger Freiheit und äußerer Unfreiheit geht diese Innerlichkeit zurück.

Nach Luther erscheinen weitere Figuren auf der Bildfläche der deutschen Geschichte, zum Beispiel die »Dichter und Denker«, doch immer muss man sich klarmachen, dass diese Figuren von der Mehrheit nicht beachtet wurden. Seien es nun Philosophen, Musiker oder die späteren Tüftler und Erfinder, ihnen allen erging es meist so wie den »Dichtern und Denkern«, die Plessner so beschreibt:

»Ohne Rückhalt an einer literarischen Adelskultur kamen die Dichter und Denker zwischen 1750 und 1850 aus dem Volk, immer als Einzelne, die zwar ihr Publikum hatten, aber kein gesellschaftlich vorgezeichnetes Prestige.« [28]

Mit anderen Worten: ihnen fehlte im Klima der Innerlichkeit jegliche öffentliche Anerkennung, so entstanden in aller Stille, sozusagen heimlich,

 Zweiter Teil

die verschiedensten Fähigkeiten in allen erdenklichen Richtungen: Musiker, Philosophen, Künstler, Tüftler, Erfinder, Wissenschaftler. Die deutsche Geschichte ist reich an eigenartigen, extremen und dramatischen Figuren. Das meint Plessner, wenn er vom »*Volk der Einzelnen*« spricht.

Das Einzige, was diese verwirrende Vielfalt von Individuen mit ihren verschiedenen Fähigkeiten und Talenten verbindet, ist, dass sie nichts miteinander zu tun hatten. Sie lebten unbehelligt und unbeeinflusst voneinander in politischer Unfreiheit, ohne sich gegenseitig zu befruchten. Auf diesem Nährboden wuchsen gute Fachleute und Fachschaften.

Was alle verbindet, sind Fleiß und die Suche nach Ordnung in ihrem jeweiligen Fachgebiet – aber man lebt ohne lebendige Öffentlichkeit. Darum haben sich die Deutschen zwar als etwas Besonderes, aber nie als Einheit empfinden können. Deutschland war und ist ein staatlich organisierter Zusammenschluss einzelner und kleiner, oft gegeneinander arbeitender Verbände, Gruppen, Fachschaften, Gemeinschaften und Organisationen. ***Vereint ist man in der Sprache und in der »Kultur«, obwohl man gerade durch das Fehlen der Gemeinsamkeiten bewusst oder unbewusst auf der Suche ist.***

Daraus ergibt sich dann in der Summe durchaus eine deutsche Mentalität. Diese hat viel mit der Sehnsucht nach Ordnung und den Grenzen zu tun, die die kleinen Welten einst voneinander trennten.

Statt einer öffentlichen Kultur kann man von einer Tradition der Heimlichkeit sprechen, denn das, was in der deutschen Innerlichkeit unsichtbar und unhörbar rumort, kommt dem deutschen Naturell entsprechend erst dann an die Oberfläche, wenn alles bestens geordnet ist. Das ist, wie wir heute wissen, nicht immer von Vorteil, denn wer unbehelligt voneinander und damit ungestört vor sich hin denkt und schafft, lebt in der Gefahr, in eine einseitige oder extreme Position zu geraten. Das Extreme ist reichlich auf deutschem Boden gediehen. Das Missverhältnis zwischen geistiger Freiheit und praktischer Unfreiheit hat nicht wenige eindimensionale Denk- und Handlungsmuster hervorgebracht. Ich fasse das Dilemma noch einmal mit Christian Graf von Krockow zusammen:

»Denn dieser Freiheitsbegriff war eigentlich immer ein »rein geistiger« und eben damit absoluter; er stammte aus dem Horizont von Untertanen, denen der Weg in die politische Praxis versperrt blieb. In »machtgeschützter Innerlichkeit«, von keiner Erfahrung behindert, ließ sich umso radikaler entwerfen, was sein sollte: die Utopie, mit Fichte zu reden, ein »Stand der vollendeten Rechtfertigung und Heiligung« oder mit Marx die klassenlose Gesellschaft, die Vision von der Weltmacht, die Volksgemeinschaft, die endlich gelungene Versöhnung von Mensch und Natur. Zu den Folgen gehörte wiederum, so Wilhelm, »die Flucht des Subjekts, das durch Freiheitsbeschränkung von außen her bedroht ist, in den Innenraum der Gesinnung«. Schließlich verteidigt das kompromisslose Freiheitsverständnis sogar das Gehäuse seiner eigenen Hörigkeit, um sie nicht der Praxis aussetzen zu müssen, und denunziert die Politik als ein ihrem Wesen nach schmutziges Geschäft.«[29]

Das Klischee, Deutschland sei das »Land der Dichter und Denker«, führt leicht zu falschen Vorstellungen. Diese waren es zwar, die Deutschland auf dem Gebiet der Kultur Anerkennung verschafften, obwohl sie die politische Welt wenig beeinflussten, doch in diesen Figuren spiegeln sich die Widersprüche und Kontraste des Klimas der Innerlichkeit auf das Lebendigste. Immanuel Kant beispielsweise mag *»weltzermalmende Gedanken«* niedergeschrieben haben, wie Heinrich Heine berichtet, im normalen Leben führte er allerdings ein *»mechanisch geordnetes, fast abstraktes Hagestolzleben«*. Der berühmte Goethe, als deutsches »Genie« über allem schwebend, war von Beruf Beamter in Weimar.

Die geistige Elite der Kultur half Deutschland, seine politische Rückständigkeit zu kompensieren. Im Inneren waren mittlerweile jedoch ganz andere Kräfte am Werken und Wirken. Ich rede von den Praktikern: den eigentlichen Vertretern der Mehrheit. Diese machten (und machen) auf ihre eigene Weise in Deutschland Politik.

So verschieden die Vertreter der Kultur und der Praktiker auch waren, so befremdet sie sich aus der Ferne beäugten, waren sie doch beide auf der Suche nach der Befreiung aus den Missständen : jeder auf seinem Gebiet.

 Zweiter Teil

Sie suchten die Freiheit, allerdings unabhängig voneinander und mit den unterschiedlichsten Mitteln. Die Ergebnisse dieser Suche pflanzten wiederum neue Widersprüche in die Welt ; denn dadurch, dass man »draußen« nicht zusammenwirken konnte, bildete jedes Lager ein Extrem. Es gab besonders theoretische Theoretiker und besonders praktische Praktiker. Ohne Öffentlichkeit konnte man sich nicht in der Mitte treffen. Erst im Industriezeitalter entluden sich die Fähigkeiten und die unterschiedlichen, auch politischen, Extreme. Bis zum Industriezeitalter arbeitete man in Deutschland erfolgreich aneinander vorbei und nicht ohne tiefe Verachtung füreinander. Kurz zuvor hatte Bismarck das Land geeinigt. *Die Einigung wurde also nicht »von unten« errungen, sondern »von oben« hergestellt.*

Es gab wohl einige vereinzelte Revolten, Revolutionen im Märklin-Format sozusagen, aber in einem so zerspalteten Land war eine gleichzeitige Erhebung vieler Kleinstaaten schwerer durchzuführen, als in einem zentralistischen Staat wie Frankreich. Darüber hinaus taugten die gehorsamen Deutschen wenig für spontane Erhebungen. Die demokratisch gesinnten Kräfte wurden lange unterdrückt. Die Folge dieser Unterdrückung war, dass sich keine eigenen Formen von Öffentlichkeit innerhalb der Mehrheit der Deutschen bilden konnten. Demokratische Gewohnheiten können nicht aus dem Nichts entstehen.

Geregelt und gestaltet wurde in Deutschland meistens »von oben«. Wer auf der Suche nach der »deutschen Gemütlichkeit« ist, wird auf dem politisch-öffentlichen Feld fündig : mit Gehorsam war es leichter zu leben. Nur kracht es dort umso lauter, wo man lange Zeit gemütlich war.

Auch wenn die Deutschen keine Revoluzzer waren, waren sie nicht gerade friedlich. Es ist ein Stück der bitteren Wahrheit, dass der »deutsche Michel« sowohl eine Keule, als auch eine Schlafmütze trägt. Die Keule hat oft genug diejenige getroffen, die das Land aus den rückständigen Verhältnissen führen wollten. Wie es um die demokratischen Kräfte in Deutschland bestellt war, schildert Heinrich Heine. Diese Beschreibung kann exemplarisch gelten, denn im Ganzen betrachtet hat das Schweigen, das er beschreibt, Deutschlands späteres Scheitern eingeleitet:

»Den Freiheitsfreunden, die in Deutschland blieben, wäre es aber noch weit schlimmer gegangen, wenn nicht bald Napoleon uns besiegt hätte. Napoleon hat gewiss nie geahnt, dass er selber der Retter der Ideologie gewesen. Ohne ihn wären unsere Philosophen, durch Galgen und Rad, ausgerottet worden. Die deutschen Freiheitsfreunde jedoch, zu republikanisch, um dem Napoleon zu huldigen, auch zu großmütig, um sich der Fremdherrschaft anzuschließen, hüllten sich seit dem in ein tiefes Schweigen. Sie gingen traurig herum mit gebrochenen Herzen, mit verschlossenen Lippen. Als Napoleon fiel, da lächelten sie, aber wehmütig, und schwiegen; nahmen fast gar keinen Teil an dem patriotischen Enthusiasmus, der damals, mit allerhöchster Bewilligung, in Deutschland emporjubelte. Sie wussten, was sie wussten, und schwiegen.« [30]

Dieses Verstummen hat das Entstehen einer Kultur des öffentlichen Austauschs bei der Mehrheit verhindert. Die politische Vernunft schlich sich vom Platz. Das Feld war frei für die Praktiker, die ihre Freiheit mit ganz anderen Mitteln suchten und schließlich auf ihre Weise auch fanden.

Eine ähnliche umwälzende Bedeutung wie die Kabel der Computernetze in der Gegenwart hatte der Traum von der Vernetzung der Städte und Länder durch die Schienen der Eisenbahn. ***Letztendlich hat das durch die Kleinstaaterei zerrissene Deutschland die Einigung weniger über die Politik erfahren und vielmehr durch die neuen Transportwege, die mit der Industrialisierung einhergingen.*** 1841 schrieb Friedrich List:

»Allein die wichtigste Seite eines allgemeinen Eisenbahnsystems ist für uns Deutsche ist nicht die finanzielle, nicht einmal die nationalökonomische, sondern die politische. Für keine andere Nation ist es so von unschätzbarem Wert als Mittel, den Nationalgeist zu wecken und zu nähren und die Verteidigungskräfte der Nation zu stärken.« [31]

Dieser deutsche Nationalgeist war weder durch gemeinsame, in die Zukunft weisende Ziele bestimmt, noch durch die Vergangenheit zu rechtfertigen, sondern durch die gegenseitige ***Abgrenzung*** vieler kleiner Welten voneinander.

Deutsch zu sein definierte sich nicht dadurch, was man war und wollte, sondern durch das, was man nicht war und nicht sein wollte.

Ein Wir-Gefühl muss auf dem gemeinsam Erreichten wachsen, es kann nicht auf den individuellen Fähigkeiten basieren und deshalb ist das Abgrenzen, Abschotten, Ausharren das eigentlich verbindende Element der Deutschen. Diese Geisteshaltung, sich als *kleine Welt, als Seilschaft oder Gemeinschaft* gegen die anderen zu behaupten, ist tief verankert und diese Haltung bestimmt auch den Umgang mit Innovationen. Die Mehrheit steht Neuerungen und Erfindungen meist kritisch gegenüber und es ist alles andere als übertrieben, von einer Veränderungsresistenz zu sprechen. Erst wenn der unmittelbare Nutzen für die Masse der Einzelnen greifbar wird, kann diese Verweigerungshaltung in das glatte Gegenteil umschlagen. Heinrich Heine hat diese Eigenart so ausgedrückt:

»Das deutsche Volk lässt sich nicht leicht bewegen, ist es aber einmal in irgendeine Bahn hineinbewegt, so wird es dieselbe mit beharrlichster Ausdauer verfolgen.« [32]

Das deckt sich nicht nur mit Plessners These vom »Volk der Einzelnen«, sondern die Folge ist eine konservative Grundhaltung. So war es am Ende die Eisenbahn, die die Kleinstaaterei zu überwinden half. All dies geschah jedoch mit der von Heine beschriebenen Gesetzmäßigkeit. Diese lässt sich ebenfalls an anderen Innovationen wie dem Laufrad und dem Auto zeigen: sogar diese Erfindungen mussten sich zunächst einmal gegen die Deutschen selbst durchsetzen. Im Falle Friedrich List gelang das schließlich doch, obwohl er selbst inmitten dieses Klimas zerrieben wurde:

»Ein Jahr, nachdem List aus Amerika zurückgekehrt war, veröffentlichte er seine Abhandlung »Über ein sächsisches Eisenbahnsystem als Grundlage eines allgemeinen deutschen Eisenbahnsystems« (1833); sie blieb wie das 1841 erschienene Werk »Das nationale System der politischen Ökonomie« weitgehend unverstanden. Die politischen Streitigkeiten und vergeblichen Anstrengungen zermürbten List so, dass er 1846 bei Kufstein Selbstmord verübte.« [33]

Ein anderes Drama trug sich etwas früher zu, endete jedoch nicht weniger ungünstig für den Innovator: 1817 erfand der aus Baden stammende Freiherr Karl Friedrich von Drais das Laufrad. Bei ihm handelt es sich um eine der buntesten und lebendigsten Erfinder-Figuren. Sein Rad erlebte eine kurze Blütezeit:

»Doch dann begann, die Begeisterung für das Fahrzeug wieder abzuflauen. Auf den schlechten Straßen der Zeit konnte es sich nicht bewähren und auch die Verbesserungen, die andere Erfinder anbrachten, waren nicht durchschlagend. Sicher spielten auch gesellschaftliche Bedingungen eine Rolle: Das Laufrad-Fahren, vor allem von Studenten betrieben, glich einer politischen Demonstration und wurde, wie der Sport überhaupt, von den Behörden missbilligt. So begann, typisches Erfinderschicksal den Freiherrn zu treffen: Je mehr er für seine Laufräder und Fahrmaschinen kämpfte, desto weniger schien sich die Öffentlichkeit dafür zu interessieren. Nur Drais selbst ist seinem Laufrad treu geblieben und damit in späteren Jahrzehnten in Karlsruhe und Mannheim eine stadtbekannte Figur geworden.« [34]

In einem Aktenordner der Geschichte in Karlsruhe endet das Leben des Freiherrn, der von Denunziation ebenso wenig verschont geblieben ist, wie von der Willkür der Bürokraten.

»Zwei Tage später wird er still und unbeachtet auf dem Alten Friedhof beigesetzt. Sein Nachlass wird auf 30 Gulden und 34 Kreutzer taxiert. Die Laufmaschine schlägt dabei mit 3 Gulden zu Buche. Mit diesen Laufmaschinen hatte der Freiherr von Drais eine Fahrt in die Zukunft angetreten, in eine Welt der Technik, des Fortschritts und der Geschwindigkeit. Aber Drais ist aus der engen biedermeierlichen Welt des Adels und des Bürgertums nicht herausgekommen. Das Drais'sche Laufrad aber, das er ersonnen hatte, ein hölzernes und ungelenkes, ein komisches und schwerfälliges Gefährt, hatte eine glänzende Zukunft vor sich. Es mauserte sich zum Fahrrad, einer der geistreichsten, nützlichsten und friedlichsten Erfindungen, die der Menschheit je geglückt sind.« [34.1]

Dem ebenfalls aus Baden stammenden Karl Benz, dem Erfinder des Automobils, ging es ähnlich. Er aber hatte das Glück, durch seine Zähigkeit und durch die Entwicklung begünstigt, die Früchte seiner Erfindung noch selbst erleben zu können. Jedoch beklagt er sich mehrmals in seinen Erinnerungen über den Starrsinn seiner Landsleute. Diese Haltung hatte natürlich auch wirtschaftliche Auswirkungen. Das erscheint heute widersprüchlich, weil es gerade die Deutschen sind, die ihre Identität gern über dieses Fahrzeug zum Ausdruck bringen. Schließlich war es das Auto, mit dem sie den öffentlichen Raum auf ihre Weise erobert haben. Die Parole *»Freie Fahrt für freie Bürger«* bringt diese Einstellung auf den Punkt. Hier geht es nicht mehr um die Freiheit des Gewissens, sondern ausschließlich um die persönliche Freiheit. Im Garten des Karl Benz hinter seinem damaligen zwischen Mannheim und Heidelberg idyllisch am Neckar gelegenen Wohnhaus in Ladenburg kann man eine Art Prototyp des heutigen deutschen Freiheitsbegriffes studieren. Dort in diesem Garten ist eine kleine Burg gebaut, die Karl Benz sowohl als Studierzimmer als auch Garage für sein Auto nutzte.

6. Das Erbe der Innerlichkeit

Versuchen wir den ganzen Vorgang zusammenzufassen : es geht hierbei weniger um historische Fakten, als um konstante Verhaltensmuster. Das geistige Klima dieser Zeit brachte die unterschiedlichsten Fachleute und Spezialisten hervor: die Wissenschaftler, die Literaten, die Musiker. Alles, was einen unpolitischen Charakter hatte, blühte auf. So ist das Heine-Gedicht zu verstehen, der in seinem »Wintermärchen« schrieb:

> *»Franzosen und Russen gehört das Land,*
> *Das Meer gehört den Briten,*
> *Wir aber besitzen im Luftreich des Traumes,*
> *die Herrschaft unbestritten.*
> *Hier üben wir die Hegemonie,*
> *hier sind wir unzerstückelt;*
> *Die anderen Völker haben*
> *sich auf platter Erde entwickelt.«* [35]

Der einsam philosophierende Gelehrte und der einsam werkelnde Tüftler stehen beide für die deutsche Innerlichkeit. Das karge Studierzimmer ebenso wie der »Schopf«, die kleine Werkstatt des Tüftlers. Das waren die äußeren Bedingungen für die Innerlichkeit.

Es ist hilfreich, sich das Deutschland der Innerlichkeit als ein »Kreativ-Gefängnis« vorzustellen. Ein Gefängnis mit Einzelzellen, um jede Art von politischer Versammlung von vornherein zu verhindern. In diesen Einzelzellen wurde nun philosophiert, gedichtet, komponiert und getüftelt. (Das Bild der Einzelzellen gilt nicht für die Universitäten.) *Alle diese Tätigkeiten haben eines gemeinsam: Sie konnten ohne die anderen in der Isolation stattfinden.* Die Praktiker und die Geistesarbeiter haben sich leider nie auf dem »Gefängnishof« getroffen, beide haben kaum je ein Wort miteinander gewechselt. Man hatte mit der jeweils anderen Gruppe »nichts zu schaffen.« Es bildeten sich in diesem Klima die unterschiedlichsten Fachschaften, vollkommen unabhängig und abgekoppelt voneinander. Die Tendenz, sich in einer Fachschaft einzukapseln, eine vollkommen eigene Welt mit einer ganz eigenen Sprache und Gesetzen zu schaffen, kommt aus dieser Zeit. Noch heute kommen die Deutschen mit dem Zustand der Isolation erstaunlich gut zurecht. Während andere Völker an ihren Ketten sägten, erforschten die Deutschen ihre Innenwelten. Sie träumten sich in ihren »Zellen« weit weg von dem »Gefängnis«, das vor ihrer Tür lag. Die Tüftler zählen ebenso zu diesen Träumern, wie die Philosophen und Musiker. Im Gegensatz zu letzteren beherrschten sie jedoch Jahrzehnte später Methoden und Techniken, die die ganze Welt erschüttern sollten. Die Geistesarbeiter hatten ebenfalls ihren Anteil am kommenden Gewitter *»Der Gedanke geht der Tat voraus, wie der Blitz dem Donner«* [36], schrieb Heine über die deutschen Philosophen.

Unterentwickelt blieben lediglich zwei Eigenschaften : sowohl die politischen Ausdrucksformen, als leider auch – wie später klar wurde – der politische Instinkt. Auf allen anderen Gebieten holte Deutschland unglaublich schnell und dynamisch auf. Alles, was nun passierte, geschah mit dieser in der Innerlichkeit geprägten Mentalität: Während man die Regelungen der Obrigkeit unangetastet ließ, nutzte man als Privatperson alle Felder, die vor der Zudringlichkeit der jeweiligen politischen Macht geschützt waren. »Dienst ist Dienst und Schnaps ist Schnaps« war mehr als nur eine Floskel. Es war die Konsequenz, die die Mehrheit sowohl aus den gesellschaftlichen Rückständen als auch aus den Folgen des Versailler Vertrags zog. Mit dieser Weltsicht und diesen Bedingungen konnte später das Dritte Reich seine unheimliche Dynamik entfalten. Das bestimmende Verhaltensmuster war die Anpassung an Regeln ohne diese auch nur im Geringsten anzutasten. Wir finden in der Geschichte keine größeren Anpassungskünstler als die Deutschen dieser Zeit. Wer Macht ausüben wollte, tat dies stets

»nach oben« abgesichert. Immer wieder tauchten Figuren auf, die mit dem Segen »von oben« das berühmte »eigene Süppchen« kochten. Innerhalb der Regeln und in der Rolle des treuen Dieners einer beliebigen Obrigkeit wurden ganz eigene »Reiche« errichtet. Nirgends auf der Welt sind je so viele »eigene Süppchen« losgelöst voneinander und unabhängig voneinander gekocht worden wie im zergliederten Deutschland. Diese Verhaltensmuster der Mächtigen blieben der Mehrheit nicht verborgen. Sie beobachteten und warteten geduldig, bis die Zeit für *ihr* Süppchen gekommen war und warteten beharrlich darauf, ihre in der Innerlichkeit entstandenen Fähigkeiten endlich entfalten und nutzen zu können.

Die Regeln ersetzten in Deutschland jede andere Form von Öffentlichkeit. Diese waren das unangetastete Orientierungsmittel, der Leitfaden, **mit dem man alles erledigte, was in der Öffentlichkeit stattfand.** Statt einer Diskurskultur entstand eine Regelungskultur, die bis heute existiert und sehr liebevoll gepflegt wird: von denen, die in staatlichen Ämtern sitzen und von denen, die sich daran anpassen.

Die Regeln verschafften den Einzelnen sowohl Orientierung für ihren Alltag, als auch die Erlösung von allen öffentlichen Fragen. Das alles konnte schweigend vonstattengehen: ohne offenen Austausch, ohne lebendige gesellschaftliche Bühne. Die Anpassungsfähigkeit an Gesetze war bald so ausgeprägt, dass man mit Freiheit so gut wie nichts mehr anfangen konnte. Freiheit hätte nämlich bedeutet, sich mit Fragen der Politik zu beschäftigen. Die politisch bewegten Zeitgenossen hatten es deshalb immer extrem schwer in Deutschland. Die meisten Probleme, die hierzulande entstanden, wurden nicht durch Nein-Sager, sondern durch die Überzahl von Ja-Sagern verursacht.

Die Bilder der in Reih' und Glied marschierenden Massen, die das Dritte Reich prägten, haben eine falsche Interpretation der Geschichte gefördert. Man hat nach dem Zweiten Weltkrieg oft geglaubt, Deutschland sei ein Land, in dem Individualismus nicht möglich wäre. Das Gegenteil war der Fall: Wer sich anpasste, hatte folglich genug Raum für seine persönliche

     Zweiter Teil

Freiheit und deshalb ist die persönliche Freiheit hierzulande besonders ausgeprägt. Eine andere Form von Freiheit gab es lange nicht. Die Mehrheit hatte bis 1945 nie eine Leidenschaft für die politische Freiheit finden können. (Von Anfang an war die Geschichte der deutschen Sozialdemokraten eine dramatische.) Die Marschierer, die wir auf den Bildern sehen, sind nur zu verstehen, wenn wir hier ein »Volk von Einzelnen« erkennen. Individualisten, die meist nur dann zusammenkommen und zusammenwirken konnten, wenn es einen geregelten Rahmen gab.

Nicht ein mangelnder, sondern ein übertriebener und falsch verstandener Individualismus war die Ursache für das Dritte Reich. Bevor die Nazis aufs Parkett marschierten gab es eine Unmenge von kulturellen Ausdrucksformen. ***Kultur ersetzte die Politik.*** An Kultur hat es in Deutschland nie gemangelt. Fast könnte man sagen, dass die Kultur die Funktion hatte, die Gefängnisluft besser zu ertragen. In der Weimarer Republik kann man sogar von einem Kulturrausch sprechen. Ohne Rausch und die Fähigkeit, in neblig-emotionale Traumwelten abzutauchen, kann auch Adolf Hitler nicht richtig eingeordnet werden. Dieser berauschte sich an Wagner-Opern, die der Treibstoff für seine eigene Oper waren, die er sich für Deutschland ausmalte.

Richard Wagner, den Hitler zutiefst verehrte und vergötterte, war, wie er selbst, ein Antisemit. Hitler wird ohne den irrealen Aspekt seiner Persönlichkeit – den Aspekt eines Träumers – entweder bloß zum genialen Verbrecher oder zum bizarren Clown – aber er war keines von beidem. Er war vor allem ein Träumer, ein gescheiterter Kunstmaler, der bereit war, seine Visionen um jeden Preis umzusetzen. Er träumte nicht nur vom Triumph, sondern vom Triumph im Blut seiner Feinde. Hitler war wie viele Deutsche so sehr auf den Feind fixiert, dass er ohne ein Feindbild orientierungslos gewesen wäre. Er kam wie viele Soldaten aus dem Ersten Weltkrieg in ein eher unerwünschtes und auch langweiliges Zivilleben hinein – und außerdem hatte man den Krieg verloren. Wie viele Militärangehörige spürte er, dass Soldaten ohne einen Feind nicht mehr gebraucht werden. Sehr viele Militärs fanden sich nach den extremen Erlebnissen auf den Schlachtfeldern des Ersten Weltkrieges in diesem Zivilleben nicht mehr zurecht. So wurden an den Stammtischen jene Abenteuer hochgehalten und mystifiziert, die in Wirklichkeit das Vorspiel für noch mehr Grauen waren. Ein Zeitzeuge berichtete mir einmal: »Der Zweite Weltkrieg wurde an den Stammtischen herbeigeredet.«

Hitler träumte jedoch nicht nur, sondern war als Person nicht ohne Talente. Er war in allem, was er tat, sehr beharrlich. Sebastian Haffner beschreibt Hitler als einen Menschen, der auf eigenartige Weise stets gleich geblieben war. Hitler war immer vom Anfang bis zum bitteren Ende derselbe.

Hitler hat Ähnlichkeiten mit einem anderen berühmt gewordenen Träumer, nämlich Ludwig II. von Bayern. Dieser hatte sich ebenfalls mithilfe talentierter Fachleute und Untertanen von der Wirklichkeit verabschieden können. Ludwig von Bayern wurde erst spät in seinen weltentrückten Bauvorhaben gestoppt. Hitler wollte ebenfalls bauen und zwar in einem noch größeren Maßstab. Wenn man sich Speers Pläne von Berlin ansieht, erkennt man darin Hitlers Traum, in dem jedes Gefühl für Proportionen verloren gegangen war.

Hitler war nie viel an seinem eigenen Leben oder dem von anderen Menschen gelegen: er lebte in und für seinen Traum. In diesem Punkt war er Mensch: er konnte die Realität nicht ertragen. Nur in der Flucht nach vorne und in Racheplänen konnte er Trost finden. Er blieb stets in seinem eigenen finsteren Märchen ein Gefangener. Er lebte mehr sowohl in seinen Reden als auch über Landkarten gebeugt in den Plänen und Modellen, die ihm Albert Speer servierte. Von der Realität wollte er genau so wenig wissen wie der Bayernkönig. Wie dieser hatte er jedoch kompetente und verlässliche Fachleute, die pragmatisch seine Ideen verwirklichten. Traumwelt und Pragmatik vereinten sich sowohl bei Ludwig II. als auch bei Hitler.

Keiner von beiden träumte von der Zukunft, sondern von einer idealen, märchenhaften Vergangenheit. Wie im Schloss Neuschwanstein wurde im Dritten Reich die Vergangenheit neu und märchenhaft inszeniert und idealisiert – und technisch auf dem neuesten Stand. Ludwig II. von Bayern und Hitler haben beide sehr viel mit dem Luftreich der Träume zu tun, das Heinrich Heine so treffend beschrieb, obwohl beide natürlich völlig unterschiedliche Träume hatten. Während Ludwig der Welt als »Schwanenritter« entschweben wollte, wollte Hitler im albtraumhaften Gewitter einer Wagneroper als Held gegen einen inszenierten, stilisierten Feind in ein modernes Walhalla einziehen.

Wer glaubt, Hitler sei ein normaler Politiker gewesen, täuscht sich. Er hat sich nie wirklich für menschliche Belange interessiert. Die Menschen waren für Hitler so klein und nebensächlich wie auf seinen Architektur-Zeichnungen. Ihm ging es nicht um Menschen, ihm ging es um die Triumphbögen, die Kulissen für seinen Lebenstraum, den er um jeden Preis realisieren wollte. Das machte ihn zum Verbrecher: gegen die gesamte Zivilisation und gegen die Deutschen selbst.

Die Weimarer Republik faulte von innen heraus. Hitler kam an die Macht, als die Demokratie im Sterben lag. Er versprach den Deutschen das Alte in einem verführerisch neuen Gewand. In diesem Zerfallsprozess gab es zu wenige Abwehrkräfte gegen die Nationalsozialisten. Es ist unerlässlich zu verstehen, dass Hitler in ein emotionales Vakuum eindringen konnte, hinzu kam die Unzufriedenheit mit dem Versailler Vertrag und den spürbaren Folgen. Nur die wenigsten Deutschen konnten mit der Demokratie Emotionen und Leidenschaften verbinden. Sie konnten sich in der Demokratie emotional nicht wiederfinden. Zu lange hatte man sich mit der Rolle des Untertanen identifiziert und eingerichtet: eine Ausprägung von Individualismus, in der man sich brav an alle Vorgaben hält und nur in den Rückzugsgebieten »frei« ist. Zu ungemütlich erschienen die Ansprüche, die die Demokratie an den Einzelnen stellte. Hitler wusste das nur zu genau. Er konnte mithilfe der aufkommenden Massenmedien und vor allem dem Radio nun wieder Gefühle für Deutschland erzeugen und wachrufen. Er aktivierte die Emotionen, die in der Weimarer Republik kein Ventil gefunden hatten. Der Führer war also in erster Linie Verführer: mehr nationaler Art-Director, als Politiker. Seine Arbeit zielte nicht auf Vernunft, sondern er arbeitete mit Emotionen. Hitler war der Erste, der die Massenmedien konsequent für seine Zwecke zu nutzen verstand. In diesem Punkt zeigte er sein wirkliches und zentrales Talent. Er verstand es, seine Botschaften in Wort, Film, Propaganda und Architektur mithilfe kompetenter Fachleute umzusetzen.

Sowohl Albert Speer, der als Architekt den Visionen Hitlers eine Form gab und später als Kriegsminister eingesetzt wurde, als auch Leni Riefenstahl haben die Botschaft Hitlers in eine Sprache übersetzt, die jeder begreifen konnte. Speer und Riefenstahl gehörten zu einer weitverbreiteten Art von Fachleuten im Dritten Reich: ehrgeizig, talentiert, ja innovativ, gleichwohl politisch impotent und bestenfalls desinteressiert.

Hitler konnte mit dem noch neuen Medium Radio in die Rückzugsgebiete eindringen, in die vorher selbst die Landesfürsten keinen Zugang gehabt hatten. Wäre das Fernsehen damals schon so weit gewesen: Hitler hätte es genutzt! (Die ersten Fernsehstuben gab es in Berlin)

Er erkannte einen Bedarf nach nationalen Emotionen in jenem Volk, das sich so auf Anpassung spezialisiert hatte, dass selbst Gefühle nur noch geregelt an die Oberfläche dringen konnten. Dieses Bedürfnis nutzte Hitler nun für seine Visionen und hier war er ganz Künstler: Er erkannte in diesen Deutschen eine formbare, gestaltbare Masse. Hier war er Täter und Opfer in einer Person. Sein Hass und sein unverdautes Grauen auf den Schlachtfeldern des Ersten Weltkriegs waren »echt«. David Bowie bezeichnete Hitler als »den ersten Popstar«, denn er war fähig, seine Gefühle auf die Massen zu übertragen und diese zu emotionalisieren.

Nur in dieser schwülstigen und aufgeheizten Stimmung, nur im Rausch, das wusste Hitler, konnte er sein finsterstes Rachemärchen zur Realität machen. Wie in jedem Märchen mussten Gut und Böse kontrastreich inszeniert werden. Den meisten Deutschen war es im Grunde gleichgültig, wer hier als Sündenbock diente. Hitler hatte die Rollen natürlich bereits verteilt: die Juden waren an allem schuld! An allem, was man an der modernen Zivilisation nicht verstand oder verstehen wollte: das war eine einfache und willkommene Formel. Wie immer folgte man dem, was »von oben« vorgeschrieben wurde. Der Brand der Synagogen war kein spontaner und echter politischer Ausdruck der deutschen Mehrheit, sondern es war ein organisierter, ein geplanter und koordinierter Vorgang der Nationalsozialisten. Die Nationalsozialisten waren hier kühle Pragmatiker: sie wussten, in Deutschland ist alles möglich, wenn man es gründlich organisiert und koordiniert. Dazu in einer Sprache, die man in Deutschland kannte und verstand: der Sprache der bürokratischen Anordnungen. Einer Form also, die im Stil eines »von oben« kommenden Willens abgefasst war. Wie immer passte sich die Mehrheit diesen Anordnungen an. Man tat, was zu tun war, ohne lange nachzufragen oder gar aufzubegehren. Wer hier Widerstand leistete, musste dies stets ohne die Mehrheit der Ja-Sager tun. Nichts, was im Dritten Reich geschah, geschah unorganisiert und ungeregelt. In der technisierten und funktionalen Sprache der Bürokratie konnte aus Massenmord eine »Endlösung« werden. Den realen Verbrechen der Nazis gingen die Verbrechen an der Sprache voraus. Während man die wirklichen Poeten aus Deutschland hinaus warf und ihre Bücher verbrannte, konnten die Bürokraten und Praktiker eine neue Art von deutscher Poesie entfalten: die Poesie der Tat. Eine Poesie, die auf Metaphern gänzlich verzichten konnte. Eine schmucklose sachliche grundehrliche Sprache. Wenn man hier »Kopf ab« sagte, dann meinte man das auch genauso.

Diese Sprache hat Worte wie »Genickschussanlage« hervorgebracht: eine Sprache die, wie man später sehen sollte, »Hand und Fuß« hatte. Das Land der Dichter und Denker wurde zu einem Land, in dem nun ein Kreuzchen eines einzigen Bürokraten auf einem Formular existenzielle Folgen haben konnte: ein einziger Stempel konnte über das Leben entscheiden. 1933 sagte Goebbels einmal ausnahmsweise die Wahrheit: *»Jetzt zeigen wir, was man mit dem Staatsapparat machen kann, wenn man ihn zu gebrauchen versteht.«* [37] Das Wort »Apparat« konnte man auch hier wörtlich nehmen. Die Grundlage der Höllenmaschine, die das Dritte Reich am Ende hervorbrachte, wäre ohne maschinenartig funktionierende Organisationen nicht denkbar gewesen. Dass Bürokratie tödlich sein kann, haben die Nazis und ihre diensteifrigen Praktiker nur zu gründlich bewiesen.

7. Ein zentraler Mangel

Mit zwei Fragen wird der grundsätzliche Charakter der Mentalitätstendenzen deutlich, die in alle gesellschaftlichen Ebenen hinein wirken:

Was fehlt unserer Demokratie?
Was fehlt unseren Organisationen?

Beides lässt sich vor dem Hintergrund der in der Innerlichkeit geprägten Mentalität so beantworten: **»Es fehlt eine Bühne des lebendigen Austausches.«** Die Bühne ist eine Metapher für eine Form von Öffentlichkeit, in der das **gesprochene** Wort das wichtigste Ausdrucksmittel ist. Es geht mir also um die Form, **wie** wir miteinander Gespräche führen und nicht um den bloßen Austausch von Informationen. Die Bühne ist das zentrale Instrument, um innerhalb von Organisationen den Reformdruck zu erhöhen und den Anpassungsdruck zu vermindern. Je weniger eine solche Bühne existiert, umso mehr tendieren Organisationen zum Erstarren. Die Mentalität der Innerlichkeit hat das Entstehen dieser Bühne verhindert. Sie hilft uns zu verstehen, warum die staatliche Überregulierung keineswegs nur vom Staat ausgeht, sondern auch die Folge einer übertriebenen Anpassung ist.

Es existiert ein Zusammenhang zwischen dem Nicht-Vorhandensein einer gesellschaftlichen Bühne, auf der man seine Angelegenheiten aushandelt, und dem Blühen und Gedeihen von unnötigen bürokratischen Regelungen.

Die Überregulierung wird als eine der Hauptursachen genannt, wenn es darum geht, warum selbstständiges und unternehmerisches Handeln oft schon im Keim erstickt wird. Unternehmertum und Selbstständigkeit wer-

     Zweiter Teil

den oft mit der Vorstellung gleichgesetzt, dass man hilflos der Willkür von mächtigen Bürokraten ausgeliefert sei. Leider sind diese Vorstellungen nicht erfunden, sondern entsprechen oft den Tatsachen.

Man hat in Deutschland ein geradezu erotisches Verhältnis zu Vorschriften. Das Land ist durchdrungen von Verordnungen, Sub-Ordnungen, Mikro-Ordnungen. Kein Lüftchen weht durch die Straße, das nicht in der deutschen Windnorm festgelegt wäre. Bemerkenswert ist, dass es keinen nennenswerten Widerstand gegen diese Gesetzesflut gibt. Erstaunlich ist, dass auch dort, wo Regeln eigentlich nichts zu suchen haben, Regeln geschaffen werden. So pflegt man z.B. im Kleingartenverein die Lust an der Reglementierung. Hier ist es nicht der Staat, der die Regeln vorgibt, hier ist man selbst kreativ, wenn es darum geht, Zäune und Regeln zu »pflanzen«. Ohne Vorschriften fühlt man sich nicht so recht wohl und geborgen.

Regeln sind Instrumente, die unser Verhalten formen. Formulare und Regelsammlungen sind Wirklichkeitsschablonen. Das Problem dieser Schablonen ist, dass sie oft auf eine sich wandelnde Wirklichkeit vor der Tür übertragen werden. Das bedeutet, dass veraltete Regeln eine eigene Wirklichkeit hervorzubringen können. Je weniger die Schablonen mit der Realität vor der Tür übereinstimmen, desto mehr Konflikte entstehen daraus.

Die Überregulierung betrifft mein Thema, weil in unseren Ämtern für den Entrepreneur keine Formblätter existieren!

Mehr als in anderen Ländern orientiert man sich in Deutschland an dem, was schriftlich und möglichst amtlich bestätigt ist. Die Schablonen der Wirklichkeit zählen hierzulande oft mehr als die Wirklichkeit selbst. Was in Deutschland keine gültige Rechtsform hat, hat keine von der Allgemeinheit akzeptierte Form. Was nicht als Begriff vor einem Amt, einer Behörde oder dem Bundesverfassungsgericht bestehen kann, gibt es nicht. So wurde z.B. einem innovativen Getränkehersteller die Lizenz verweigert, weil der Hefepilz, den er erfunden hatte, nicht in den Formblättern der Bürokratie aufgelistet war.

Diese oft seltsamen Ansprüche der Bürokratie wirken destruktiv, wenn ein Gründer sein Unternehmen nicht nach dem strukturiert, was der

Sache nützt, sondern er sein Unternehmen um die vorhandenen bürokratischen Regelungen herum strukturieren muss. Unsere Verwalter geben so an einer wichtigen Schnittstelle die Struktur vor, die sich nicht günstig auf das Entstehen neuer Unternehmen auswirkt. Der Regelungswahn wird dann zum Störfaktor, wenn Unternehmer und Selbstständige nicht mehr für ihre Unternehmung, sondern mehr und mehr für die Ämter arbeiten, die unkoordiniert voneinander ihre Ansprüche geltend machen.

Innovation ist immer das, was es noch nicht gibt. Diese Tatsache kommt im Denken unserer Regelungsinstanzen kaum vor: Denn verwalten kann man nur das, was bereits existiert.

Dieser Grundkonflikt zwischen Bürokraten und Innovatoren ist längst ein politisches Thema, jedoch keine Partei greift es ernsthaft auf. Wer würde es auch wagen, an Traditionen zu rütteln?

Wenn es um bürokratischen Unsinn geht, sind wir die ungeschlagenen Weltmeister: Wir haben die umfangreichsten Steuervorschriften der Welt: deshalb ist der Steuerberater einer der sichersten Berufe in Deutschland. Wir haben so viele Regeln, dass wir Fachleute brauchen, die uns durch den Sumpf navigieren. Unsere Verwaltungen können Arbeit schaffen, indem sie z.B. anordnen, dass um drei simple Mülleimer eine »Mülleinhausung« gebaut werden muss. Sie können aber auch neue Tätigkeitsfelder im Keim ersticken, indem sie für Entrepreneure keine Formblätter haben. Während große Unternehmen besser auf die Gesetzesflut reagieren können, trifft es vor allem die Gründer, die Kleinunternehmer und die Selbstständigen.

Es drängt sich die Frage auf:

Was können wir tun, um uns vor bürokratischem Unsinn zu schützen?

Eine sinnvolle Deregulierung muss von zwei Seiten umgesetzt werden: von den Verwaltern und von den Zielobjekten der Verwalter. Das heißt im Klartext: Die einzelnen Berufsgruppen müssen praxisorientierte Verbesserungsvorschläge machen, um bürokratischem Irrsinn vorzubeugen. Wir brauchen deshalb die unterschiedlichsten Formen von Bühnen, um in Unternehmen und im öffentlichen Leben einen lebendigen und pragmatischen Austausch zu fördern. Das Motto »Verwalten statt gestalten« muss umgedreht werden. Wir brauchen Regeln, die einen Gestaltungsraum zulassen. Wir brauchen innerhalb der bestehenden Bürokratie erweiterte Möglichkeiten, die Vereinfachungen und individuelle Lösungen zulassen.

Im Bereich Innovation muss man den Kleingeistern dringend das Handwerk legen. Ich spreche hier nicht von einer radikalen Deregulierung, wie sie von Neoliberalen gefordert wird. Es geht nicht darum, alle Regeln abzuschaffen, um einen grenzenlosen Markt zu ermöglichen.

Es geht um ein neues Verhältnis, wie Regeln auf den Weg gebracht werden, nämlich im direkten Kontakt mit den Betroffenen.

Es ist daher von Vorteil, möglichst genau nachvollziehen zu können, welche Folgen es haben kann, wenn die gesellschaftliche Bühne nicht existiert.

Die Geschichte der Innerlichkeit kann uns nützen, die Situation der Gegenwart zu verstehen. Wenn man z.B. die Überregulierung als eine Folge der Innerlichkeit versteht, dann fällt es leichter, sich von solchen Verhaltensmustern zu lösen und neue Wege einzuschlagen.

Der nächste Abschnitt gliedert sich in drei Teile, in denen der Kulminationspunkt und die Anfänge der Innerlichkeit gegenübergestellt werden. Hier werden sowohl die Gefahren als auch die Chancen der Mentalitätstendenzen sichtbar. Im letzten Abschnitt (*Das Marktmärchen*) schlage ich eine Brücke zur Gegenwart. Im Ganzen lässt sich so eine Kontinuität aufzeigen, ein Faden, der sich seit Luther bis in die Gegenwart zieht.

Gemeinschaft statt Gesellschaft: Betrachten wir zunächst den Kulminationspunkt der Innerlichkeit. Die Führerfigur, die Goebbels entwarf und die Hitler verkörperte, war der Versuch, einen überdimensionalen Stammesführer zu schaffen. Die territoriale und mentale Zerrissenheit sollte damit überwunden werden. Der Führer ersetzte die gesellschaftliche Bühne, indem er sie überflüssig machte. Mit einer funktionierenden gesellschaftlichen Bühne wäre mit der Zeit ein Bewusstsein entstanden, für das, was man tat. Das gerade wollte Hitler jedoch nicht. Er brauchte Untertanen, die nicht selbst dachten, sondern sich wie Maschinen verhielten und dadurch berechenbar blieben. Die Volksgemeinschaft war der radikalste Versuch, das Prinzip der Gemeinschaft als Gesellschaftsmodell gegen die Zivilisation ins Feld zu führen.

Dieser Versuch ist gründlich gescheitert.

Die destruktive Gemeinschaft beschreibt Richard Senett in seinem Buch: »Verfall und Ende des öffentlichen Lebens. Die Tyrannei der Intimität«. Senett arbeitet die Unterschiede zwischen Gemeinschaft und Gesellschaft heraus. Vereinfacht gesagt besteht dieser Unterschied zwischen Gesellschaft und Gemeinschaft in der Bühne, die ich bereits erwähnt habe. Die Gemeinschaft braucht diese gesellschaftliche Bühne nicht.

Sie bezieht ihr verbindendes Element aus dem, was man innerhalb der Gemeinschaft nicht will. Sie hat eine klare Tendenz zur Abgrenzung. Aus der Abgrenzung nach außen bezieht die Gemeinschaft ihre Identität. Sie stemmt sich mit einem »Wir« *gegen* etwas. Die Gemeinschaft erzeugt Brüderlichkeit durch das gemeinsame Wissen darüber, was man nicht will. Dieses Prinzip verlangt weniger vom Einzelnen als das Gesellschaftsprinzip. Innerhalb einer Gemeinschaft wird auf die Gleichheit der Mitglieder Wert gelegt, jedoch dort, wo sich Gleichgesinnte und Gleichfühlende zusammenfinden, entsteht ein Problem, wenn Teilnehmer von dieser Gleichheit abweichen und *anders* sind.

Das Gesellschaftsprinzip ist nach allen Seiten offen, verlangt jedoch von den Menschen mehr Aktivität und Fähigkeiten.

Die Gesellschaft kann nicht ohne eine Bühne auskommen, auf der die Interessen ausgehandelt werden. Hier müssen die unterschiedlichsten Teilnehmer darstellen, wer sie sind und was sie wollen.

Nicht ein Wogegen, sondern ein* Wofür *muss beantwortet werden.
Auf der gesellschaftlichen Bühne gilt eine grundsätzliche Regel, die An-

sprüche an den Einzelnen stellt. Sie lautet: »Es ist verboten, andere mit dem eigenen Selbst zu belasten.« Wer auf der gesellschaftlichen Bühne »eine Rolle spielen« will, muss nicht nur wissen, was er will, er benötigt auch eine Distanz zu seinem Selbst. Er muss ein Stück weit ein Schauspieler sein. Die Gesellschaft verlangt von den Menschen die Fähigkeit, sich selbst als eine Figur zu betrachten. Selbstdistanz und ein echtes Anliegen über seine Person hinaus sind die unverzichtbaren Ansprüche, die eine zivile Gesellschaft an den Einzelnen stellt. *»Zivilisiertheit ist ein Verhalten, das die Menschen voreinander schützt und es ihnen zugleich ermöglicht, an der Gesellschaft anderer Gefallen zu finden. Eine Maske zu tragen, gehört zum Wesen von Zivilisiertheit. Masken ermöglichen unverfälschte Geselligkeit, losgelöst von den ungleichen Lebensbedingungen und Gefühlslagen derer, die sie tragen. Zivilisiertheit zielt darauf, die anderen mit der Last des eigenen Selbst zu verschonen.«* [38]

Wenn die Selbstdistanz verloren geht, wird der aktive Schauspieler zum passiven Zuschauer. Diese Passivität bedeutet konkret: die Unfähigkeit, seine Anliegen selbst auszudrücken, zerstört die gesellschaftliche Bühne. Sie funktioniert nicht ohne Schauspieler, die diese Bühne beleben und nutzen. Etwas früher in der Geschichte sagte Friedrich Schiller dazu: *»Denn, um es endlich auf einmal herauszusagen, der Mensch spielt nur, wo er in voller Bedeutung des Worts Mensch ist, und er ist nur da ganz Mensch, wo er spielt.«* [39]

Das Klima der Innerlichkeit verhinderte, dass die Mehrheit ihre öffentlichen Ausdrucksformen entwickeln konnte. Das heißt, sie konnten ihre Fähigkeiten als Schauspieler nicht entwickeln. Dies verhinderte, dass die Kräfte der Kultur und die Kräfte der Praktiker an einem Strang ziehen konnten. Keine Partei konnte ihre Interessen aushandeln und folglich blieben beide abhängig von Regelungsinstanzen und auf sich selbst verwiesen. So bildeten sich eingekapselte Fachschaften, die sich nicht miteinander, sondern gegeneinander entwickelten. Mit Praktikern meine ich eine Mehrheit, die lieber »Nägel mit Köpfen« machen wollte und die sich später in den technisch-naturwissenschaftlichen Disziplinen wiederfand. Diese Praktiker glaubten weniger an einen abstrakten Nutzen durch die Politik oder die Kultur, sondern glaubten vor allem an das, was einen direkten Nutzen verspricht, einen Nutzen, der möglichst sichtbar und nachprüfbar ist.

Im Dritten Reich hatten die Praktiker die Kulturabteilung fast komplett ausgeschaltet. Unter Hitler zählte nur das, was einen praktischen Nutzen für die Volksgemeinschaft darstellte. Deshalb brannten die Bücher der freien Literaten, die für Demokratie und den Individualismus standen. Nun sollte nur noch der Gemeinsinn erlaubt sein.

Statt einer freien Literatur produzierte Goebbels eine ganz andere Form der Wortkunst: Kultur wurde in Propaganda verwandelt.

Ist es ein Zufall, dass es ein verhinderter Schriftsteller war, der die Bücherverbrennung in Berlin organisierte?

Dem Extrem des Dritten Reiches war ein anderes Extrem vorausgegangen, nämlich der Kulturrausch der Weimarer Republik. Hier war es nicht unbedingt die Mehrheit, die berauscht war, doch das öffentliche Leben der Eliten wurde stark durch die Kultur geprägt. So bildete sich bei der Mehrheit der Bevölkerung jenes emotionale Vakuum, das sich nach Ordnung durch einen starken Führer sehnte, der in der Weimarer Republik gefehlt hatte. Bis in die Gegenwart hinein pendelt Deutschland zwischen diesen Polen. Mental gespalten zwischen Kulturrausch und technischem Pragmatismus bleiben die Deutschen im Zweifelsfall immer eines: ein Volk von Einzelnen.

Zwei Figuren stehen symbolisch für diese beiden Kräfte: Die Kräfte der Kultur wurden im Dritten Reich durch den emigrierten Thomas Mann verkörpert – und die Praktiker durch Hitler. Ich sage nicht, dass die Praktiker deshalb automatisch zur Achse des Bösen zählen. So einfach lassen sich die Verhältnisse in Deutschland nicht erklären. Mir geht es darum, den mentalen Riss zu zeigen, der durch das Klima der Innerlichkeit entstand. Diese mentale Zerrissenheit macht Deutschland bis in die Gegenwart hinein zu einem emotionalen Katastrophengebiet. Darunter leiden nicht wenige Zeitgenossen: statt eines Miteinanders entsteht allzu oft ein Gegeneinander. Das lässt sich auch zum größten Teil erklären: während z.B. die Fran-

     Zweiter Teil

zosen mit ihrer Nation unbefangen umgehen können, ist es für die Deutschen so kurz nach Hitler unmöglich, sich positiv auf ein kollektives »Wir« zu beziehen.

Deutsch sein, das hieß in der Nachkriegszeit und während des Wiederaufbaus vor allem privat sein. In der Zeit des Wirtschaftswunders entwickelte sich der Wunsch, anders als die anderen zu sein. Da die meisten das wollten, bildete sich eben daraus das kollektive »Wir«. Man sucht bei sich selbst in einem kleinen überschaubaren »Wir« der Familie oder einer Gemeinschaft. *Das »Wir« der kleineren Gemeinschaften wurde stärker ausgeprägt als das »Wir« der Nation.* So besteht die Gefahr, dass sich politische Solidarität nicht oder nur langsam entwickeln kann. Wer immer heute das Wort »Parallelgesellschaft« auf Einwanderer anwendet, sollte bedenken, dass »Deutschland« für eine lange Phase der Geschichte nur ein Sammelbegriff für die unterschiedlichsten Parallelgesellschaften war.

Innovation statt Revolution: Gehen wir nun zurück an die Wurzeln der Innerlichkeit. Deutschland ist ein durch die Sprache geeintes Volk. Martin Luther war der Geburtshelfer dieser Sprache, mit ihm beginnt der erste Akt der Innerlichkeit. Die Bühne, die sich die katholische Kirche schuf, wird bereits vom kritischen Auge des deutschen Mönchs beobachtet. Schon hier lässt sich diese tiefe nicht unbegründete Abneigung gegen die inszenierte Öffentlichkeit beobachten. Die erste Geste der Innerlichkeit war es, den katholischen Instanzen das zentrale Werkzeug ihrer Macht zu entreißen: die Bibel. Martin Luther saß kurz nach seinem offenen Widerstand in der Wartburg und arbeitete (mit dem Teufel kämpfend) an seinem Lebenswerk. Dort übersetzte er die Bibel ins Deutsche.

Dieses Werk vereinte und spaltete die Deutschen in gleichem Maß. Mit der Bibelübersetzung schuf Luther eine gemeinsame Sprache, spaltete jedoch die soeben Vereinten gleich wieder in Protestanten und Katholiken. Mit Luther lässt sich aber auch ein Prinzip verfolgen, dem man in Deutschland seither folgte und das eine Menge Früchte trug. Das Prinzip, sich zurückzuziehen, zu produzieren, um mit einem geistigen oder praktischen

Werk wieder aufzutauchen. Diese Werke (seien es nun Bücher, Kompositionen oder Erfindungen) ersetzten sowohl die von Anfang an schwierige politische Solidarität, als auch die Selbstfindung als Nation.

Trotzdem ist diese Zeit etwas, worauf sich die Deutschen als Nation positiv beziehen können. Hier unterscheiden sie sich deutlich von dem Weg, den andere Völker nahmen.

In diesen dort entstandenen Fähigkeiten liegen auch die Möglichkeiten für die Zukunft.

Deutschland hat nur wenige Bodenschätze und die Produktion von Ideen und Innovationen ist ein Feld, das tief in der Geschichte verankert ist.

Die deutsche Innerlichkeit ist in ihrem Wesen die Geschichte einer Freiheitssuche, doch statt einer kollektiven Suche sind die Deutschen als Einzelne losgezogen. Die Energie floss in das, was man selbst tun konnte. Man brachte nun alle möglichen Formen von Freiheit, außer der politischen Freiheit, hervor. Während die Schriftsteller Werke nach dem Motto »Die Gedanken sind frei« verfassten, bauten die Praktiker Freiheitsprothesen. Die Erfindungen, die dabei herauskamen, waren nicht nur Werkzeuge, sondern auch Ausdrucksmittel. Sie waren ein Symbol, wer man war und was man wollte. Die Mehrheit betrat nie als Schauspieler eine gesellschaftliche Bühne, um darzustellen, was sie wollten. Sie betraten die Öffentlichkeit mit den Werkzeugen der Freiheit. Das ist ein wesentlicher Unterschied: statt der Freiheit selbst produzierte man die Ausrüstung für die Freiheit.

Die Figur, an der man das am besten zeigen kann, ist der Freiherr von Drais. Dieser ruft uns poetisch interpretiert aus der Geschichte zu: »Wenn ihr schon keine politische Freiheit haben könnt, dann sollt ihr wenigstens die Bewegungsfreiheit haben!« Drais war, wie wir heute wissen, durchaus demokratisch gesinnt, jedoch spürte er wohl, dass das ein Feld war, auf dem wenig auszurichten war und verlegte sich stattdessen aufs praktische Tun. Eine ähnliche Freiheitssuche unternahm die Turnerbewegung. Dort pflegte man die körperliche Bewegungsfreiheit mit einer kleinen Prise demokratischer Gesinnung in der Luft.

An dieser Stelle endet mein Rückblick in die Geschichte.

Nun lässt sich ein konstantes Verhaltensmuster erkennen, das einmal schwächer, einmal stärker erscheint. Dieses entspricht Plessners These vom »Volk der Einzelnen«.

Dieses Muster lässt sich so zusammenfassen:

Durch die ungünstigen Bedingungen der Kleinstaaterei konnte in Deutschland bis 1945 keine gesellschaftliche Bühne entstehen. Durch diesen Mangel war die Mehrheit in erster Linie auf sich selbst verwiesen. Die Mehrheit kompensierte diesen Mangel durch eine Strategie: Man passte sich der jeweiligen politischen Ordnung an und nutzte seine *persönliche Freiheiten.* Dieses Verhalten hatte konstruktive und destruktive Folgen: Auf der einen Seite sind durch diese Mentalität viele individuelle Fähigkeiten entstanden (Innovation statt Revolution). Auf der anderen Seite hatte diese ausgeprägte Selbstbezogenheit die Folge, dass man nur wenig Erfahrung und Leidenschaft für öffentliche Fragen entwickeln konnte. Das änderte sich erst langsam in den letzten Jahrzehnten, das heißt, die politische Bühne, wie wir sie heute kennen, ist noch sehr jung. Historisch gesehen ist Deutschland eine verspätete Nation im Sinne Plessners. Stärker als alle anderen Nationen haben die Deutschen ein kollektives »Wir« über die Sprache und durch Innovationen erfahren. Das Wort »erfahren« kann man hier wörtlich nehmen: in ihrer mentalen Prägung haben sie mehr Bezug zu der persönlichen Freiheit, die z.B. durch das Auto ermöglicht wird, als zur politischen Freiheit. Dem privaten Handeln wird in der deutschen Werteskala deshalb ein höherer Wert beigemessen als dem öffentlichen Handeln. Die individuelle Freiheit zählt mehr als kollektives Handeln.

Das betrifft zwar jede Gesellschaft, doch in Deutschland existierte eine traditionelle Ablehnung für jede Form der Inszenierung auf der politischen Bühne. Deshalb ist der Versuch, ein kollektives »Wir« durch eine Leitkultur zu konstruieren, zum Scheitern verurteilt. Dagegen sind die Chancen, ein kollektives »Wir« durch eine reiche Innovationsgeschichte zu begründen, tatsächlich gerechtfertigt, weil es eben diese Tradition gibt und sie in der deutschen Mentalität verankert ist.

Die Geschichte der historischen Innerlichkeit wäre nicht erwähnenswert, wenn nicht ein Bezug zur Gegenwart bestünde. So erzeugt die heutige Markt- und Medienvielfalt einen ähnlichen mentalen Zustand. Dieser ist durchaus mit dem Zustand der deutschen Innerlichkeit zu vergleichen. Aus dieser Perspektive heraus ist die Welt deutscher geworden, denn der Markt fördert die individuelle Freiheit, gefährdet jedoch auch das Zusammenleben der Gesellschaft als Ganzes. Mit diesem Problem haben heute viele Gesellschaften zu kämpfen, doch in Deutschland ist diese Erscheinung Teil einer Tradition und deshalb stärker ausgeprägt.

Die gesellschaftliche Bühne gewinnt bei der Suche nach Strategien, die destruktiven Folgen einer neuen Innerlichkeit abzumildern, an Bedeutung. Das Prinzip und Motto der Innerlichkeit: »Jedermann sein eigener Priester« wird heute auf ganz neue Weise umgesetzt. So ist das, was die Band IDEAL in ihrem Album »Der Ernst des Lebens« besingt, möglicherweise eine Innenansicht einer neuen Innerlichkeit.

»In meinem Film bin ich der Star
Ich komm auch nur alleine klar.
Panzerschrank aus Diamant,
Kombination unbekannt« [40]

Das Marktmärchen: Die Markt- und Medienwelt hat die Formen und Vorstellungen von Öffentlichkeit radikal verändert. Was immer unter Öffentlichkeit heute verstanden wird, ist selten eine Bühne, auf der wir *selbst* als Schauspieler unsere Anliegen darstellen und aushandeln. Manche öffentliche Bühnen, die uns die Medienwelt beschert, sind vollkommen ungeeignet, um öffentliche Fragen zu besprechen. Mehr noch: es gibt Formen von Bühnen, auf denen ein vernünftiger Satz deplatziert, sogar peinlich wirkt. Es gibt Bühnen, auf denen Dummheit unterhaltsam und Vernunft langweilig daher kommt. Es kommt ganz darauf an, auf welcher Art von Bühne man sich befindet.

Die intime Gesellschaft, vor deren Gefahren Richard Senett warnte, ist heute ein Teil der Normalität. Auf vielen Kanälen, auf Millionen von Bildern und Werbespots wird uns in den unterschiedlichsten Formen immer wieder dasselbe Märchen erzählt. Es ist eine einfache immer gleiche Botschaft. Diese lautet:

»Wenn du genug Geld hast und dieses oder jenes Produkt kaufst, dann darfst du unbehelligt von den rauen Gesetzen dieser Welt leben. Du darfst in der Welt deiner Wahl leben, unabhängig von den lästigen Anforderungen deiner Zeitgenossen.«

Das Beste an diesem Märchen ist: es ist tatsächlich wahr! Der Markt macht keine leeren Versprechungen: wer genug Geld hat und weiß, was er will, kann sich in eine Welt seiner Wahl verabschieden, die zumindest an der Oberfläche dem entspricht, was die Bilder versprechen.

Während die Demokratie fragt: »Was sollen wir tun?«, stellt uns der Markt die attraktivere Frage in der weit schöneren Verpackung: »Was willst du jetzt haben?« Es ist nicht schwer zu erraten, welche Frage wir lieber beantworten.

Das Märchen hat nur einen Haken: wer kein Geld hat, um sich in diese wunderbare Welt einzukaufen, der kommt darin nicht vor. Trotzdem legt dieses Unabhängigkeitsversprechen dynamische Kräfte frei, weil jeder auf der Sonnenseite stehen möchte. Gegenwärtig existiert keine inspirierende kollektive Utopie mehr, die das Marktmärchen beschränken könnte. Der Kommunismus war über lange Zeit der Gegenentwurf, jedoch hat sich das Marktmärchen als das deutlich pragmatischere und erfolgreichere System entpuppt. Damit ist der grenzenlose Markt sozusagen das, was übrig geblieben ist. In Europa fehlt ebenfalls eine kollektive Utopie, die über den Markt hinaus ein verbindendes Ziel vermittelt.

So bestimmt das Marktmärchen längst, welche Art von Ideen wichtig ist und welche nicht. Es zielt naturgemäß darauf, den Menschen möglichst viel an Ausrüstung für die Welt ihrer Wahl zu verkaufen. Das heißt, der Markt fördert und zielt auf die individuelle Freiheit nach dem Motto: »Wer die meisten Spielsachen hat, hat gewonnen!«

Der Markt verfügt über buntere und hellere Bühnen als die Demokratie. Mehr noch: er verändert die Erwartungen an öffentliche Institutionen. Immer öfter stehen wir der Demokratie in der Rolle der Konsumenten gegenüber: das war nicht die Absicht, als man das Grundgesetz entwarf. Aus der Frage »Was sollen wir tun?« ist heute die Frage »Wer ist denn hier zuständig?« geworden.

Der Staat gerät durch das Marktmärchen in die Rolle einer »Stiftung Warentest«, die dem Verbraucher eine gewisse Qualität der produzierten Produkte zu gewährleisten hat. Die kollektiven Fragen erscheinen zudem grau und bedrohlich, die Welt des Marktes dagegen menschenfreundlich und voller bunter Schmetterlinge.

Ganze Heerscharen von Werbern sind damit beschäftigt, alte Ideen mit frühlingsfrischen Emotionen auszustatten. Die Bühnen, die im Dienst des Marktes stehen, strahlen so wunderbar hell, dass nur wenig Aufmerksamkeit für andere Bühnen übrig bleibt. Immer öfter wird es eine Frage des Geldes, wer einen Zutritt zu den öffentlichen Bühnen hat. Deshalb besteht die Gefahr, dass irreale Erwartungen über die Beschaffenheit der Welt den Blick auf reale Chancen und Notwendigkeiten vernebeln. Das Marktmärchen fördert bestimmte Ideen und Innovationen und verdrängt zugleich andere Ideen. Das heißt, dass unsere Aufmerksamkeit auf die Innovationen im Alufelgenbereich gelenkt wird, während der Klimawandel eine ganz andere Art von Innovationen und Ideen einfordert.

Die Frage nach Innovationszielen und Schaffung von Gegenbühnen, auf denen auch soziale Innovationen eine Öffentlichkeit finden, ist vermutlich das einzige Mittel dem Marktmärchen etwas entgegenzusetzen. Der Bedarf für solche Gegenbühnen wächst, denn vielen Menschen wird klar, dass der Markt einen künstlichen Bedarf schafft und damit einen echten Bedarf in den Hintergrund drängt. Dadurch wird die Suche nach einer kollektiven Vision erschwert.

Die Politik der Zukunft muss sich deshalb auf einer konkreteren Ebene abspielen. Sie kann die Existenz und die Wirkung der Markt- und Medienwelt nicht länger ignorieren.

Städte, Regionen und folglich ihre Wirtschaft müssen sich daher selbst entscheiden, für welche Innovationsziele sie sich engagieren wollen. Wir brauchen deshalb ein Verfahren, das es ermöglicht, sich für die besseren Innovationen zu entscheiden. Was »besser« ist darf übrigens nicht allein von Experten und Fachleuten festgelegt werden. Das ist ohne eine funktionierende Bühne, auf der sich schrittweise ein Konsens bilden kann, nicht möglich. Kurz: wir brauchen vielfältige Arten von Bühnen, auf denen wir einen Wettbewerb der Ideen austragen können.

Die künstlerischen Berufsgruppen nehmen in diesem Zusammenhang eine Schlüsselrolle ein: sowohl als Fachleute für Ideen, als auch Fachleute für die Öffentlichkeit. Sie sind in der heutigen Medienwelt diejenigen, die die Idee der Öffentlichkeit im Sinne der Demokratie wiederbeleben können.

Sie sind die Berufsgruppe, die dem Marktmärchen am wirkungsvollsten widersprechen kann. Im letzten Teil des Buches geht es um die Frage, wie man eine Bühne schaffen kann, auf der neue Ideen und Innovationen präsentiert werden, die nicht im Dienst des Marktes stehen.

Dritter Teil
Annäherung an eine Gründerkultur

8. Organisationen des ständigen Wandels

»Die größte aller Veränderungen ist vielleicht die Tatsache, dass zielorientierte Innovation – sowohl im technischen Bereich als auch im sozialen Bereich – eine organisierte Disziplin geworden ist, die lehrbar und erlernbar ist.« [41]

Entrepreneurship als Normalität: Das Bild des Entrepreneurs ist sehr stark von den klassischen Erfindern des Maschinenzeitalters beeinflusst. Oft genug waren die Lebensläufe dieser Menschen geprägt von Isolation, einer prekären Lage, Rückschlägen und Entbehrungen. An dramatischen Lebensläufen von Erfindern mangelt es nicht.

Heute gilt es daher, dem Entrepreneur eine Normalität zu ermöglichen, denn seine Lage bleibt in der Gegenwart schwierig. Die Grundsituation ist oft dieselbe wie früher: ***Der Entrepreneur braucht Geld, das er nicht hat, für etwas, das es (noch) nicht gibt.*** Hinzu kommen immer unvermeidbare Schwierigkeiten. Aber: diese Schwierigkeiten lassen sich systematisch minimieren. Deshalb müssen wir uns vom Bild des klassischen Erfinders und dem Bild des »Spinners« lösen.

Entrepreneurship muss in allen Organisationen ein ganz normaler Vorgang werden. Wir brauchen Organisationen des ständigen Wandels, in denen sich Entrepreneurship stetig und ständig vollzieht. Diese neuen Organisationen stellen immer wieder die Annahmen über die Wirklichkeit, auf der ihr Auftrag beruht, infrage. Eine Organisation des ständigen Wandels bewältigt Veränderungen strategisch und schrittweise. Es kann aber ebenso bedeuten, eine Organisation abzuschaffen, wenn ihr Auftrag erfüllt ist und ein Wandel nicht mehr möglich ist.

»Durch das Infragestellen anerkannter Strategien und Routinen zwingt

*eine Organisation sich selbst, über ihre Unternehmensphilosophie nachzu-
denken (…) Ohne eine systematische und zweckorientierte Infragestellung
wird ein Unternehmen sehr schnell von den Ereignissen überrollt werden. Es
wird seine besten Ressourcen für Dinge verschwenden, die es nie hätte in An-
griff nehmen dürfen oder nicht länger praktizieren sollte«* [42]

Die oft vertretene Meinung, dass Veränderungen nur in Krisen möglich seien und dass »alles erst schlechter werden muss, bevor es besser
werden kann« kostet immer Opfer. Die Krise darf nicht Auslöser der Veränderung sein, stattdessen muss Entrepreneurship die Methode sein, um
kommende Veränderungen zu bewältigen. Der Entrepreneur darf nicht
wie in der Vergangenheit in einer Extremsituation agieren, er muss in einer Normalität handeln können. ***Es ist normal, dass Veränderungen zuerst
abgelehnt werden!*** Deshalb müssen sie allmählich und schrittweise einge-
führt und umgesetzt werden. In Organisationen des ständigen Wandels
muss eine Balance zwischen verändernden und konservativen Kräften angestrebt werden. Der Bereich Innovation muss immer vom laufenden Betrieb abgekoppelt sein, gleichzeitig dürfen Innovationen nicht vollkommen losgelöst von der Basis entstehen. Deshalb brauchen Organisationen
des ständigen Wandels eine Bühne, auf der über Veränderungen infor-
miert und geredet wird. Sie brauchen eine Kultur des Austausches.

Die deutsche Politik muss sich von der einseitigen Formel: Innovation =
Spitzentechnologie verabschieden, denn Entrepreneurship ist in allen –
und zuerst in staatlichen Institutionen -gefragt. Wir müssen lernen, dass
sich der Entrepreneur nicht auf einen Tüftler und Bastler reduzieren lässt.
Er gehört in jedem Fall zu den Wissensarbeitern, die oftmals theoretische
und praktische Fähigkeiten in sich vereinen. Der Faktor Wissensarbeit spielt
in allen Bereichen eine immer größere Rolle, ebenso in der Produktion. Das
heißt, dass die Produzenten immer mehr auf die Qualität der Ideen angewiesen sind, die auf der Basis von Wissensarbeit entstehen. ***Ohne Wissen sind selbst die effizientesten Maschinen nicht produktiv.*** Heute geht es
weniger darum, Dinge schneller und effizienter herzustellen, sondern es

                    Dritter Teil

geht um die Frage, *welche Art* von Dingen hergestellt und welche Art von Dienstleistungen entwickelt werden sollen.

Nachhaltigkeit ist gefordert und das bedeutet, dass wir viel gründlicher planen müssen, um eine neue Qualität zu erreichen. Hierzu brauchen wir Ideen, die auf der Basis von Wissensarbeit entstehen: nur in den wenigsten Fällen fallen durchschlagende Ideen vom Himmel. Sie sind meistens das Ergebnis langer Wissensarbeit, die immer spezialisiert ist. Eine der wichtigsten politischen Aufgaben, die es zu lösen gilt, ist, Kriterien zur Bewertung von Wissensarbeit zu entwickeln, denn Wissensarbeit kann kaum in Maßstäben wie der Arbeitszeit entlohnt werden.

Eine Kultur im Umgang mit neuen Ideen begründen. Wenn neue Unternehmen entstehen sollen, muss es für Städte und Regionen ein Anliegen sein, den Weg zu einer Unternehmensgründung einfach zu machen. Intelligente Regelungen sind jedoch nicht das Einzige, was zu einem innovationsfreundlichen Klima gehört. Es muss ebenfalls klar sein, dass in dieser Stadt oder Region neue Ideen, Verbesserungsvorschläge und Konzepte einen Wert darstellen. Das heißt, wir brauchen Modelle, wie man eine Kultur im Umgang mit Ideen und Innovationen einführen und umsetzen kann. Die Initiative »Land der Ideen« kann hier als ein Anfang angesehen werden. Jetzt ist es an der Zeit, Modelle zu entwickeln, um Menschen im Sinne von Entrepreneurship zu inspirieren.

Wir brauchen eine Stadt oder Region, in der in diesem Bereich Forschung betrieben wird. Wir müssen Modelle entwickeln, die übertragbar sind.

Wie schafft es eine Stadt, für die Art von Entrepreneurs attraktiv zu sein, die sie dringend braucht? Wie gelingt es, dass sich staatliche Institutionen und freie Netzwerke sinnvoll ergänzen? Wie organisiert man ein Klima, in dem Selbstständige nicht konkurrieren, sondern in Netzwerken kooperieren?

Auf diese Fragen müssen wir Antworten finden, die über eine Imagekampagne weit hinausgehen.

Entrepreneurship als Kerndisziplin einer Gründerkultur. Je mehr Menschen aus dem System der Vollbeschäftigung herausfallen, desto mehr werden sie sich, bewusst oder unbewusst, in der Rolle des Entrepreneurs wiederfinden (zunächst als Entrepreneur in eigener Angelegenheit). Selbst diejenigen, die nicht unternehmerisch aktiv werden, werden die Vermarktung der eigenen Leistungen anstreben müssen. Hier zählt die Kenntnis der eigenen Stärken ebenso wie deren Darstellung. Mehr denn je muss man wissen, was man selbst will und was man kann. Aus diesem Grund wird der Bedarf an *Entrepreneurship für Kleinunternehmer* umso mehr steigen, je weniger das System Vollbeschäftigung funktioniert. Die Gestaltung einer Webseite, auf der man seine Fähigkeiten darstellt, kann der erste Schritt sein, sich selbst an eine neue Form der Erwerbsarbeit anzunähern.

Hier entsteht ein Bedarf nach kompetenter Beratung im Sinne von Entrepreneurship.

Heute sind die Auflösungserscheinungen der Arbeitswelt, wie wir sie kennen, unübersehbar. Die Zunahme der prekären Beschäftigung und das Schwinden von gewachsen Formen der Solidarität sind deutliche Zeichen des Zerfalls. Immer mehr werden auf sich selbst verwiesen sein und der Bedarf an individuellen Strategien, diese Umbruchsituation zu bewältigen, steigt. Entrepreneurship wird hier nicht alle Probleme lösen, es ist aber eine unverzichtbare Methode, um die Auswirkungen des Umbruchs abzufedern. Vor allem werden wir soziale Innovationen brauchen. Wie können diejenigen, die ohne Beschäftigung sind, ihre Interessen bündeln? Wenn sich alte Gewissheiten auflösen, stellen neue Gewissheiten einen Wert dar. Die Bereitschaft, neue Wege zu gehen, wird umso größer, je weniger die alten Wege zum Ziel führen. Wenn alte Formen von Solidarität nicht mehr funktionieren, dann müssen wir *systematisch und gezielt* nach neuen Formen suchen. Wenn innerhalb alter Organisationsformen nur noch prekäre Beschäftigung möglich ist, müssen neue Organisationsformen gefunden werden.

Wir brauchen neue Organisationsformen, die auf Kooperation beruhen. Deshalb steigt der Bedarf an Netzwerken, in denen diese Einzelunternehmer sich neu organisieren können: Netzwerke sind eine neue Möglichkeit, den Umbruch der Arbeitswelt zu bewältigen. In welcher Organisationsform können sich Kleinunternehmer ergänzen? Wie können sich kleine Produzenten zusammenschließen und organisieren? Hier ist Entrepreneurship für Kleinunternehmer notwendig!

Das Netzwerk als Unternehmensform: Wir wissen, dass Organisationen Verkörperungen von Ideen sind. Die Kultur einer Organisation wird durch diese Idee und die Aufgaben, die sich aus ihr ergeben, bestimmt. Das gilt auch für Netzwerke. Doch Netzwerke unterscheiden sich von anderen Organisationsformen: Sie brauchen keinen Standort! Netzwerke verbinden Menschen auf eine neue Art und Weise, nämlich durch einen Fluss von Informationen. Die Netzwerke, die wir heute kennen, sind meist formlose Allianzen. Ihr Hauptmerkmal ist Unverbindlichkeit. Doch hier geht es nicht um die »social networks« (wie z.B. Facebook). Mir geht es um die Frage, wie Einzelunternehmer ihre Arbeit in einem Netzwerk organisieren können.

Wie kann in einem Netzwerk eine sich ergänzende Zusammenarbeit erreicht werden? Ohne ein Mindestmaß an Verbindlichkeiten funktioniert keine Organisation. Ein Netzwerk-Unternehmer, der ein solches Netzwerk »spinnen« will, muss einen Rahmen schaffen, in dem diese Verbindlichkeiten entstehen können. Das gilt umso mehr, wenn ein Netzwerk als Organisation des ständigen Wandels funktionieren soll. Jede Umbruchsituation erfordert ein erhöhtes Maß an Stabilität. Wer Ungewissheiten ausgesetzt ist, braucht etwas, auf das er sich verlassen kann. Wie lassen sich jedoch Verbindlichkeiten und Stabilität in einem Netzwerk erreichen? Was hält eine Organisation im Kern zusammen? Was ist ihr Lebensnerv?

»Eine Organisation ist ein Werkzeug. Und wie bei jedem Werkzeug ist das Vermögen, das vorgegebene Ziel zu erreichen, umso größer, je spezialisierter das Werkzeug ist. Da eine moderne Organisation aus Spezialisten besteht, von denen jeder nur einen eng umrissenen Erfahrungshorizont hat, muss ihre Aufgabenstellung extrem klar sein. Die Organisation muss auf nur eine einzige Sache ausgerichtet sein, sonst werden ihre Mitglieder verwirrt sein. Sie werden

sich an ihrer eigenen Spezifizierung orientieren und nicht an der gemeinsamen Aufgabe. Sie werden, jeder für sich, ein »Ergebnis« im Sinne ihrer eigenen Spezifizierung definieren und deren Wertesystem auf die Organisation übertragen. Nur eine zielgerichtete und gemeinsame Mission wird eine Organisation zusammenhalten und sie befähigen, Ergebnisse zu schaffen.« [43]

Die größte Herausforderung in einem Netzwerk ist die Koordination der einzelnen Kräfte. Der Netzwerkunternehmer kann deshalb nicht mehr mit den Kategorien von Arbeitnehmer / Arbeitgeber erfasst werden. Ein Netzwerk, das auf der Kooperation von Einzelunternehmern beruht, erfordert eine andere Organisationsstruktur und eine andere Form von Führung.

Führung eines Netzwerks bedeutet: Vertrauen für eine **gemeinsame Mission** zu schaffen und diese zu kommunizieren.

Ein Netzwerkunternehmer ist deshalb mehr Moderator als »Chef«, der klare Arbeitsanweisungen erteilt. Das, was zu tun ist, müssen die Teilnehmer eines Netzwerkes selbst entscheiden. Das ist eine grundlegend neue Situation.

Der Wandel, der sich gegenwärtig vollzieht, wird besonders deutlich, wenn man die Unterschiede zwischen einem klassischen Unternehmen und einem Netzwerk überspitzt beschreibt.

In vielem ähneln die Unternehmen des Maschinenzeitalters römischen Galeeren. Zwischen »Arbeitnehmer« und »Arbeitgeber« herrschte Klarheit. Man konnte die beiden Parteien klar unterscheiden. Die Unternehmer konnten sich als Kapitän betrachten: diese waren die Taktgeber ihrer Galeeren. Die Arbeitnehmer auf der anderen Seite konnten sagen: »Wir sitzen alle in einem Boot!« Auf dieser Basis war Solidarität unter den Arbeitnehmern möglich: Verhandlungsmacht konnte aufgebaut werden. Wenn man solidarisch handelte, konnte man mit dem Kapitän über den Takt verhandeln. Man war so dem Willen des Kapitäns nicht länger völlig ausgeliefert.

Ebenso gab die Galeere der Arbeit selbst eine Struktur. Das Gehäuse, in dem sich die Arbeit abspielte, gab vor, was zu tun war: rudern. Wir bewegen uns jedoch heute auf eine Arbeitswelt zu, in der es weder einen Kapitän noch ein klares Gehäuse für die Arbeit gibt.

Die Frage: **»Was sollen wir tun?«,** *taucht in dieser Arbeitswelt immer wieder und immer öfter auf.*

Niemand kann mehr behaupten: »Wir sitzen alle in einem Boot!«, denn längst ist klar, was die Individualisierung der Arbeitswelt bedeutet: wir sitzen alle in unserem eigenen kleinen Boot. Wir müssen viel mehr Kapitän sein, als so manchem lieb ist. Hinzu kommt die unangenehme Tatsache, dass unser kleines Boot jederzeit untergehen kann, ohne dass es jemand wahrnimmt. *Solidarität wird zu einem Problem.*

Gleichzeitig kennen wir auch die Vorteile der neuen Arbeitswelt.

Einer der Vorzüge des vernetzten Arbeitens ist, dass man seinem individuellen Takt folgen kann. Es kommt nicht mehr so sehr darauf an, *wie* die Arbeit erledigt wird, sondern nur noch, *dass* sie getan wird. Das Problem des vernetzten Arbeitens ist das Fehlen der Galeere. Der Verlust der Struktur der Arbeit erfordert ein Instrument, das diese Klarheit wieder herstellt. In einem Netzwerk muss die Struktur durch Symbole ersetzt werden: *Informationen ersetzen Autoritäten.* Wer sich als Einzelunternehmer in ein Netzwerk einklinkt, muss sich selbst platzieren können. Wer in einem Netzwerk auf den Takt eines Kapitäns wartet, der wird vergebens warten. Statt eines Kapitäns gibt ein Fluss von Informationen vor, was zu tun ist. Deshalb muss der Teilnehmer eines Netzwerkes mehr wissen als der Ruderer in der Galeere. Er muss zum Teil die Arbeit des Kapitäns übernehmen! Er muss selbst steuern und Entscheidungen im Sinne des gesamten Netzwerkes treffen. Wer in einem Netzwerk etwas Sinnvolles »beisteuern« will, der muss zuerst einmal verstehen, was das Netzwerk im Ganzen bedeutet. Jeder muss sich bewusst sein, worauf das Netzwerk im Gesamten zielt. Und jeder muss die Rolle der anderen verstehen. Hier liegt der wesentliche Unterschied zum Maschinenzeitalter: Niemand hat von einem Ruderer verlangt, die Funktion der Galeere als Ganzes zu verstehen. Es genügte, als Fachmann zu funktionieren. Wer im Takt ruderte, hatte seine Ruhe.

Im Netzwerk ist es vollkommen anders: Wer nicht versteht, um was es geht, (im übertragenen Sinn: wohin die Reise geht), braucht mit dem Rudern erst gar nicht anzufangen, denn er rudert garantiert in die falsche Richtung. Kurz: Das vernetzte Arbeiten verlangt vom Einzelnen *mental* mehr. Es verlangt die Fähigkeit, mit anderen zu kommunizieren. Es genügt nicht mehr, ein Fachmann zu sein. Man muss seine Rolle in Bezug zum Ganzen, den anderen Teilnehmern des Netzwerkes, deutlich machen. Es ist unmöglich, vernetzt zu arbeiten, ohne einander zu verstehen und sich auszutauschen. Der Teilnehmer eines Netzwerkes muss bereit sein, die oft komplexen Zusammenhänge zu verstehen. Deshalb sehnt sich so mancher Zeitgenosse nach den alten Galeeren und dem Takt des Kapitäns zurück. Man sollte dabei jedoch nie vergessen, dass der Takt des Kapitäns mithilfe der Peitsche durchgesetzt wurde!

Kommen wir auf unsere Frage zurück: Wie lassen sich in einem Netzwerk Verbindlichkeiten herstellen?

Es sind im Wesentlichen drei verbindende Faktoren:

1. In einem Netzwerk muss ein Wissen über die gegenseitige Abhängigkeit vorhanden sein. Alle müssen mehr voneinander wissen und verstehen.
2. Die *gemeinsame Mission* muss für alle Teilnehmer eines Netzwerkes lesbar sein. Dazu braucht es eine *inspirierende Zukunftsvision*. Diese muss eine Orientierung ermöglichen, »wohin die Reise geht.«
3. Ein Netzwerk braucht deshalb einen Unternehmer, der in der Lage ist, das Wissen über die gegenseitige Abhängigkeit, die gemeinsame Mission und einen inspirierenden Blick auf die Zukunft zu vermitteln.

Zusammengefasst kann man sagen: **Ein Netzwerk braucht eine *Kultur des Austausches.***

Der Netzwerkunternehmer ist nicht mehr der Kapitän, sondern muss vielmehr ein Rahmenbauer sein. Er muss einen attraktiven Rahmen schaffen, in dem es Einzelunternehmer leicht haben, sich selbst zu platzieren.

Im Netzwerk muss eine sich ergänzende Zusammenarbeit angestrebt werden. Und das alles ohne Peitsche und Kontrollen. Das kann nur gelingen, wenn der Netzwerkunternehmer ein klares symbolisches Gehäuse schafft, in dem die Orientierung, was zu tun ist, leicht fällt. Transparenz ist dazu unabdingbar, nach innen und außen.

Der Unternehmer, der heute Menschen bewegen will, seine Vision umzusetzen, muss vor allem soziale Kompetenzen mitbringen. Er muss wissen, was Menschen inspiriert und wie sie kommunizieren.

Er braucht deshalb in jedem Fall gute Symbolhandwerker, denn schon die Benutzeroberfläche einer Webseite muss diese gemeinsame Mission in maximaler Klarheit transportieren. Diese Transparenz ist nur in seltenen Fällen leicht zu erreichen. Dies ist keine statische Aufgabe, sondern eine dynamische.

Transparenz erfordert ein beständiges Bemühen!

Die Hauptaufgabe eines Netzwerkunternehmers ist es, für diese Transparenz zu sorgen. Netzwerke brauchen deshalb eine Kultur des Austausches. Ein Netzwerk besteht geradezu aus dieser Kultur.

9. Ein innovationsfreundliches Klima organisieren

Wie Künstler Innovationsprozesse unterstützen können:
Die Nachhaltigkeit als gemeinsame Mission ist eine gute Basis für die Zusammenarbeit von Gründern und Künstlern. Die Schaffung eines Entrepreneurial-Designs und das Erarbeiten eines Kunstwerks sind verwandte Prozesse.

Wer ein Buch geschrieben, ein Comic gezeichnet, einen Film gedreht oder ein Design entwickelt hat, muss die Fähigkeit besitzen, komplexe Zusammenhänge zu vereinfachen.

»Jeder Künstler der Geschichte hat **kaizen** *praktiziert oder an der kontinuierlichen Selbstverbesserung gearbeitet. Aber bis jetzt haben es nur die Japaner – vielleicht aufgrund ihrer Zen-Tradition – in ihr tägliches Leben und in die tägliche Arbeit ihrer wirtschaftlichen Organisationen integriert. Ziel des* kaizen *ist es, Produkte und Dienstleistungen so zu verbessern, dass sie innerhalb von zwei oder drei Jahren zu wirklich völlig neuen Produkten oder Dienstleistungen werden.«* [44]

Die Verwandtschaft der Arbeitsprinzipien ermöglicht ein Verständnis zwischen Künstler und Gründer. *Gleichzeitig wird sich jeder Entrepreneur mehr den konkreten Problemen der Innovation zuwenden. Die Künstler dagegen sind in der Lage, eine Vision der fertigen Innovation in der Anwendung zu entwickeln.*

Die Perspektiven sind verschieden. Beide Standpunkte ermöglichen ein erweitertes Bild. Dieses Gesamtbild erleichtert den Innovationsprozess.

Ein Grundgesetz im Entrepreneurship lautet: *»Nur einfache Dinge funktionieren, nichts Kompliziertes funktioniert!«*

Jeder Entrepreneur muss dem Nutzer seiner Innovation eine Vereinfachung bieten. Der schmale Eingabeschlitz der Suchmaschine Google ist hierfür ein gutes Beispiel: Maximale Einfachheit in der Anwendung für den Nutzer ist die Grundbedingung für den Erfolg. Ähnlich müssen auch ein Autor und ein Designer arbeiten, denn ein Autor muss seinen Lesern auf einer anderen Ebene dasselbe bieten. Er muss ein bestimmtes Thema so vereinfachen, dass es seine Leser nachvollziehen können.

Jeder Designer muss Informationen ordnen und in ein Design umwandeln, mit einem Ziel, einen oft komplizierten Zusammenhang auf das Wesentliche zu reduzieren.

Alle drei, der Entrepreneur, der Autor und der Designer gehören zur Familie der Wissensarbeiter. Sie werden für das richtige Denken bezahlt. Das richtige Denken in diesem Zusammenhang lautet: Vereinfache die Dinge richtig, denn sonst werden sie in der Praxis nicht funktionieren!

Alle drei Berufsgruppen wissen aus Erfahrung: am Ende müssen die Dinge im Sinne des Nutzers einfach sein. Um diese Vereinfachung zu erreichen, ist jedoch oft ein komplexer, langwieriger Prozess notwendig. Die Dinge sind immer erst am Ende einfach! Wer etwas richtig vereinfachen will, darf mit Komplikationen rechnen. Die Arbeit eines Entrepreneurs, eines Autors und eines Designers ist in den meisten Fällen komplex und spezialisiert. Auf diesem gemeinsamen Erfahrungshorizont zwischen Künstler und Entrepreneur lassen sich daher gute Teams bilden.

Die Ansicht, dass die besten Ideen im Schlaf kommen, ist deshalb nicht unbedingt falsch. Wer jedoch nachts einen genialen Einfall hat, hat am Tag sicher hart gearbeitet. Karl Lagerfeld hat auf die Frage: »Ist es wahr, dass Ihnen Ihre besten Ideen im Halbschlaf kommen?«, aufschlussreich geantwortet:

»Um diese Eingebungen im Halbschlaf zu haben, müssen Sie eine unglaubliche Menge von Informationen unbewusst in sich aufnehmen: lesen, gucken, ansehen. Deshalb habe ich auch so viele Bücher. Ich will alles wissen, alles kennen und vergesse es wieder. Und das erlaubt Ihnen hinterher, Visionen zu haben, die Sie mit total leerem Kopf wahrscheinlich nicht hätten.« [45]

Ähnlich hat sich Karl Benz geäußert: er sprach von »Sinnierlust« und meinte damit die Fähigkeit, sich immer wieder intensiv mit einer Sache zu befassen.

Gründerinnen und Gründer brauchen in der kritischen Phase des Innovationsprozesses deshalb Ansprechpartner, die sie wirklich verstehen. Sie brauchen nicht irgendeinen Künstler.

Sie brauchen *einen Künstler, der sowohl mit ihrem Fachgebiet als auch mit den Prinzipien der Innovation vertraut ist.*

Künstler, die sich diese Kompetenzen angeeignet haben, sind für die Schaffung einer Gründerkultur von großem Nutzen. Sie können in zwei Feldern tätig werden:

Künstler können Gründer bei der Erarbeitung eines Entrepreneurial-Designs unterstützen.

Künstler können in Organisationen für ein innovationsfreundliches Klima sorgen.

Was ist ein innovationsfreundliches Klima?

»Der Innovator unterscheidet sich vom Nicht-Innovator nur dadurch, dass er auf Möglichkeiten und Chancen achtet.« [46]

Ein innovationsfreundliches Klima bedeutet dem Ideengeber einen Rahmen zur Verfügung zu stellen, um eine Idee zur Reife zu bringen. In einer innovationsfreundlichen Organisation finden wir eine **Kultur des Austausches** über Möglichkeiten und Chancen. Der Dialog zwischen Innovatoren, Praktikern und Basiskräften der Organisation wird systematisch gefördert. Es existiert ein klares Innovationsziel sowie Kriterien, um Ideen und Innovationen zu bewerten. Die Akzeptanz für Veränderungen wird erhöht, indem alle Kräfte der Organisation die Möglichkeit haben, Vorschläge einzubringen und umzusetzen.

Um ein innovationsfreundliches Klima zu schaffen, brauchen wir:

a. Kompetente Fachleute
b. Ein Labor für Entrepreneurship
c. Eine Bühne für neue Ideen und Konzepte

Ein innovationsfreundliches Klima besteht aus sechs Komponenten, die sich nachprüfen lassen.

Klima-Checkliste für Organisationen:

1. Nimmt die Organisation Impulse von Ideengebern ernst? Werden Verbesserungsvorschläge und Beschwerden gesammelt und ausgewertet?
2. Existiert innerhalb der Organisation ein Verfahren zur Ermittlung von Innovationszielen?
3. Gibt es klare Kriterien, wie Ideen und Verbesserungsvorschläge bewertet werden?
4. Hat die Organisation eine inspirierende und gleichzeitig realistische Zukunftsvision?
5. Arbeiten die Innovatoren der Organisation abgekoppelt vom laufenden Betrieb? Oder kämpfen sie gegen den laufenden Betrieb und werden als Störfaktor wahrgenommen?
6. Haben die Innovatoren der Organisation kompetente Ansprechpartner in der kritischen Phase des Innovationsprozesses?

7. Haben die Innovatoren der Organisation die Möglichkeit, eine Öffentlichkeit außerhalb von Fachschaften herzustellen?

8. Ist die Außenhülle der Organisation attraktiv für die Wissensarbeiter, die sie braucht?

Instrumente und Aufgaben

Was geschieht in einem Labor für Entrepreneurship?

Darauf kann es keine allgemeingültigen Antworten geben, denn jedes Labor ist vom Wesen einer Branche geprägt. Beschreiben lassen sich jedoch die Instrumente, die in einem Labor für Entrepreneurship zur Anwendung kommen.

Innovationsprozesse sind Lernprozesse.

Alle Instrumente dienen dazu, diese zu unterstützen.

Diese Instrumente sind: Die richtigen Fragen zur Bedarfsermittlung / ein klar definiertes Innovationsziel / die zeitgemäß aufgearbeitete Innovationsgeschichte der Branche / eine inspirierende Vision / ein Kompetenz-Netzwerk / eine Bühne für neue Ideen.

Gleichgültig ob es darum gehen soll, einen Gründer dabei zu unterstützen, ein Entrepreneurial-Design zu entwickeln oder darum, ein innovationsfreundliches Klima zu schaffen: diese Instrumente gehören in ein Labor für Entrepreneurship.

Da jede Branche und jede Innovation eine eigene Problematik mit sich bringt, besteht die Kernaufgabe darin, diese Instrumente auf den jeweiligen Bedarf auszurichten.

Der Charakter dieser Werkzeuge ist denen der Kriminalermittler ähnlich. Die Ermittler begeben sich auf Spurensuche und werten Spuren aus. Sie gehen hinaus und stellen Fragen. Sie gehen Hinweisen nach. Sie prüfen diese Hinweise. Sie wissen, dass sie ein oft verwirrendes Puzzle zusammenfügen müssen. Sie suchen nach einer schlüssigen Geschichte, die hin-

   Dritter Teil

ter eine Tat steckt. Sie bemühen sich, die Motivation des Täters nachzuvollziehen.

Die Entwicklung einer einleuchtenden Vision ist diesen Ermittlungen ähnlich.

Wir wissen, dass die Kriminalermittler auf hochspezialisierte Verfahren und Netzwerke zurückgreifen können. Noch haben wir nicht gelernt, dass auch diese Ermittler in Sachen Zukunft Verfahren und Netzwerke brauchen.

Sechs Komponenten

- ☐ Stelle die **richtigen Fragen** um den Innovations-Bedarf zu ermitteln. z. B. »«Was bedeutet die Nachhaltigkeit für unsere Branche / Organisation?
- ☐ Definiere ein **Innovations-Ziel**
- ☐ Erarbeite die zeitgemäße **Innovations-Geschichte** der Branche / Organisation.
- ☐ Entwickle auf der Basis der Innovations-Geschichte und des Innovations-Zieles eine **Vision**
- ☐ Schaffe ein **Kompetenz-Netzwerk** um den Entrepreneur den richtigen Ansprechpartner oder Kooperationspartner zu vermitteln.
- ☐ Schaffe eine **Bühne für neue Ideen,** auf der sich alle Beteiligten der Organisation über anstehende Veränderungen austauschen und beteiligen können.

Die Bühne

Die Schnittstelle aller in diesem Text behandelten Themen ist das, was ich bisher unter dem Begriff: »Bühne« zusammengefasst habe. *Das Wort »Ver-*

sammlung« und »Öffentlichkeit« genügt nicht, um ein Instrument zu beschreiben, das dem Zweck dient, einen Konsens herzustellen.

Die Medien – vor allem das Fernsehen – haben den Begriff der »Öffentlichkeit« grundlegend verändert. Wir müssen daher einen anderen Zugang finden. Der Begriff der Bühne ist untrennbar mit der Idee der Stadt verbunden.

Ich meine den Prozess, der sich zwischen dem Stellen der Frage und der Antwort abspielt. Das Wort »spielen« kann man hier wörtlich nehmen, denn das Theater in seiner ursprünglichen Form kommt dem Begriff »Bühne«, wie ich ihn verstehe, sehr nahe. Das Theater ist das älteste aller Massenmedien. In seinem Ursprung gab es das stille und passive Publikum nicht, das wir heute z.B. aus dem Kino kennen. Im Theater gab es zwischen den Schauspielern auf der Bühne und dem Publikum einen lebendigen Austausch. Das Publikum agierte und reagierte selbst. Zwischenrufe und Bemerkungen waren normal. An dem Stück, das auf der Bühne aufgeführt wurde, wirkte das Publikum mit. Man ging nicht nur ins Theater, um sich ein Stück anzusehen. Man ging auch ins Theater, um seinen Standpunkt deutlich zu machen. *Das Konzept der Bühne ermöglichte dem Publikum, den Behauptungen, die auf der Bühne aufgestellt wurden, zu widersprechen. Die Idee der Stadt ist untrennbar mit dieser Art von Bühne verbunden.* Die Stadt braucht Personen, die ihre Anliegen als aktive Schauspieler darstellen. Das Wort »Persona« bedeutet Maske. Diese erlaubt der Person, ihr Anliegen darzustellen, losgelöst von ihren Lebensumständen. Gleichzeitig verlangt das Konzept der Bühne vom Beteiligten eine klare Entscheidung, welche Position er einnimmt. Eine Bühne in diesem Sinn verkleinert das Ego der Person, denn es geht immer um das Anliegen und nie um den Menschen dahinter.

Von einer Person des öffentlichen Lebens verlangt die Bühne eine möglichst klare Darstellung ihres Anliegens. Es zählt nur die *Qualität* der Darstellung.

Wie kann man eine Bühne schaffen, auf der ein Wettbewerb der Ideen mit einer aktiven Beteiligung des Publikums möglich ist? Das ist unsere Frage in diesem Zusammenhang. Dabei müssen wir lernen, das Konzept der Bühne, mit den Möglichkeiten der Neuen Medien zu verknüpfen. Innerhalb einer Organisation z.B. kann »die Bühne«, auch die Form einer Videokonferenz annehmen.

Eine Bühne kann mehrere Funktionen erfüllen und viele Formen annehmen.

Die Funktionen der Bühne

1. Sie kann den Zustand der Uneinigkeit überwinden helfen, indem systematisch der Weg zu einem Konsens gesucht wird.
2. Eine Bühne kann ein wertvolles Mittel der Orientierung sein, wenn eine einzige Sache aus den unterschiedlichsten Perspektiven beleuchtet wird.
3. Eine Bühne kann Bedeutung erzeugen, indem sie einen bestimmten Aspekt beleuchtet und emotional erfahrbar macht. In diesem Sinn kann sie ein bewusstseinsstiftendes Instrument sein. So kann beispielsweise in einer Organisation ein Bewusstsein für Chancen und Möglichkeiten geschaffen werden.
4. Die Bühne kann ein pragmatisches Werkzeug der Regelung und Koordination sein. Spielregeln können ausgehandelt und verworfen werden. Eine funktionierende Bühne in einer Organisation kann eine ausufernde Bürokratie verhindern helfen. Denn das, was direkt sprachlich geregelt wurde, muss nicht noch schriftlich geregelt werden.
5. Die Bühne kann das Beziehungsgeflecht zwischen Menschen spielerisch neu ordnen. Wenn z.B. in einer Organisation eine Veränderung eintritt und die »Karten neu gemischt werden.« Nicht umsonst heißt es: »Die Bretter, die die Welt bedeuten.« Eine Bühne kann die Rollen zueinander neu bestimmen, indem sie uns zwingt, einen Stand-

punkt (eine Rolle) anzunehmen. Sie kann so die Beziehungen spielerisch klären, bevor der Ernstfall eintritt. Um es drastisch auszudrücken: das Prinzip Bühne erfordert keine echten Leichen, um zu regeln, wie etwas gemacht und umgesetzt wird. Gleichzeitig muss auch klar sein, dass eine Bühne durchaus einem Schlachtfeld ähneln kann. Die Bühne ist also nicht zwangsläufig ein harmonischer Ort, denn hier können auch existenzielle Fragen auf dem Spiel stehen. Wer auf einer Bühne »sein Gesicht verliert«, muss auch Verletzungen ertragen. Deshalb sind auf einer öffentlichen Bühne Masken notwendig, um sich voreinander zu schützen. Eine Bühne kann gerade dadurch deeskalierend wirken: Es werden negative Emotionen abgebaut, indem sie ausgesprochen werden oder eine andere Form des Ausdrucks annehmen.

6. Die Bühne ist sowohl innerhalb von Organisationen, als auch in demokratischen Entscheidungsprozessen das einzige Mittel, um die destruktiven Auswirkungen der Innerlichkeit zu verhindern, denn sie zwingt alle Beteiligten, eine Außenperspektive – neben der eigenen Sichtweise – wahrzunehmen. Wir sind es heute gewohnt, Informationen zu *nutzen*, die Bühne zwingt uns jedoch über unsere Ausdrucksmittel nachzudenken und sie spielerisch einzusetzen. Dem Prinzip »Jedermann sein eigener Priester« wird dadurch entgegengewirkt.

Auf einen lebendigen sprachlichen Austausch kann das Konzept der Bühne nicht verzichten. Das zentrale Mittel des Ausdrucks ist die Sprache. Die Bühne kann deshalb nicht in der Haltung eines passiven Zuschauers betreten werden. Sie verlangt etwas von allen Beteiligten: sich über sich selbst klar zu werden und eine Entscheidung zu treffen. Welche Rolle nehme ich in Bezug auf das Stück ein, das gerade gespielt wird? Sich entscheiden bedeutet deshalb immer Arbeit! Die Bühne zu betreten bedeutet auch, bereit zu sein für einen Kompromiss. Es ist ein Ort, an dem wir gezwungen sind, zu verhandeln. Selbst eine Mediengesellschaft kann nicht auf dieses bewährte Konzept verzichten.

Die Bühne verlangt von allen, die auf ihr eine Rolle spielen wollen, einen Minimalkonsens. Ohne diese gemeinsame Basis kann sie nicht funktionieren. Dieser Minimalkonsens lautet in etwa:

1. Betrete die Bühne nie als Selbstdarsteller! Sei ein Darsteller Deines Anliegens!
2. Verschone Deine Mitmenschen vor unnötigen Informationen!
3. Sieh nie auf Dein Publikum herab! Lasse Dich jedoch nicht von ihm vereinnahmen. Konzentriere Dich auf Deine Sprache und Deine Botschaft!

10. Eine nachhaltige Wirtschaft als europäische Vision

Die Ideenunternehmer

»Once the rockets are up, who cares where they come down?
That's not my department, says Wernher von Braun«

Tom Lehrer[47]

2015 war für die Europäer ein Jahr der Krise, in der ein gemeinsames »Wir« mehr denn je in Frage stand. Europa war zu einem Staatenverbund geworden, in dem Banker und Verwalter den Takt vorgaben. Viele dienten einer Wirtschaft, die für sie nicht mehr richtig funktionierte. Die Entwertung der Produktionsarbeit war überall und vor allem in den ärmeren Staaten des jungen Europa zu spüren. Diese fühlten sich von Deutschland gemaßregelt. Die Mittelschichten kämpften um ihre Existenz.

Der Nationalismus nahm zu und es zeigte sich, dass eine gemeinsame Währung und ein gemeinsamer Markt nicht für ein europäisches »Wir« genügte.

Zur gleichen Zeit wurde die Idee einer nachhaltigen Wirtschaft als Etikettenschwindel empfunden, die im Widerspruch zu der prekären Beschäftigung stand, die in vielen Branchen praktiziert wurden.

In dieser Zeit entstand ein Netzwerk aus Designern, die sich aktiv an der Entwicklung von nachhaltigen Produkten und Dienstleistungen beteiligen wollten.

Mit diesem Netzwerk fühlten sich auch Schriftsteller, Journalisten, Filmemacher und bildende Künstler verbunden. Man organisierte sich europaweit über das Internet. Die Mentalitätsunterschiede sah man als Potenzial, denn man war bereit, voneinander zu lernen. Diese Künstler nannten sich Ideenunternehmer. Zunächst stellten sie sich die Frage:

»Was bedeutet die Nachhaltigkeit für uns Kreative?«

Auf der Grundlage dieser Frage formulierten sie ein Ziel:
»Wir wollen eine mediale Bühne schaffen, um Gründer zu unterstützen. Deshalb wollen wir uns neue Kompetenzen aneignen. *Entrepreneurship im Sinne der Nachhaltigkeit* soll die Basis unserer Arbeit sein.«

Da die Politik keine wirksamen Strategien lieferte, um die Entwertung der Produktionsarbeit abzufedern, zielten die Medien der Ideenunternehmer auf die Erneuerung einzelner Branchen.

Die Mittelschichten brauchten Strategien, die anstehenden Veränderungen zu bewältigen. Ihnen fehlte es nicht an talentierten Köpfen, sondern an Organisationen, in denen sich dieses Potenzial entfalten konnte. Die Ideenunternehmer sahen ihre Mission darin, dafür eine Bühne zu schaffen.

Gründer, die dieses Potenzial erkannten, waren hier von entscheidender Bedeutung. **Eine Gründerkultur sollte deshalb die Keimzelle einer nachhaltigen Wirtschaft werden.** Die Ideenunternehmer verstanden sich als Pioniere einer Mittelschicht, die aus wirtschaftlich mündigen Bürgern bestehen sollte.

Die Bühne der Nachhaltigkeit sollte ein nützliches Instrument für alle sein, die sich für eine alternative Wirtschaft engagierten. Die Bühne bestand aus drei Komponenten:

☐ Einem Magazin, das aktuelle Fragen zur Nachhaltigkeit stellte.

☐ Einem Buchverlag, der auf nützliches Wissen für Gründer ausgerichtet war.

☐ Einem Kompetenznetzwerk, das in Branchen aufgeteilt war.

Auf dieser Bühne ging es nicht nur darum, nachhaltige Produkte und Dienstleistungen zu entwickeln. **Es ging auch um ein neues Verhältnis zu diesen Produkten und Dienstleistungen.** Der Begriff der Innovation wurde nicht auf Technologie reduziert, sondern als ein gesellschaftlicher Lernprozess. Man strebte nach Organisationen, die schneller und effektiver auf Veränderungen reagieren konnten.

Der Lebensnerv dieser Bühne war ein lösungsorientierter Wirtschaftsjournalismus, der auf Gründer, Kleinunternehmer und Mittelständler zugeschnitten war.

Die Bühne der Nachhaltigkeit bewirkte, dass sich Gründer und Kleinunternehmer nicht als Konkurrenten sahen, sondern als Partner, die einer gemeinsamen Vision folgten.

Die Welt der Politik geriet unter Druck, denn die Wähler verlangten zunehmend eine neue Form der Politikvermittlung.

Mehr und mehr waren Politiker gezwungen, ihre Vorschläge auf einer konkreten Ebene zu präsentieren. Die Bühne der Nachhaltigkeit hatten neue Formen in der Darstellung von Lösungen geschaffen, der die Politik folgen musste. Die Ideenunternehmer zwangen Politiker in die Rolle des Social Entrepreneurs. Politische Parteien mussten ihre Lösungen allgemeinverständlich präsentieren. Was von der Mehrheit nicht verstanden wurde, hatte politisch keine Relevanz. Zu lange hatten Bürokraten und Banker undurchsichtige Regelungen missbraucht.

Die Politik musste das Vertrauen der Mittelschicht zurückgewinnen. Viele Europäer hatten Spaß daran, ihre Anliegen darzustellen und durchzusetzen. Die Bühnen der Demokratie wurden bunter und belebter und gleichzeitig pragmatischer.

So wurde Europa zu einer Arena der Ideen, in der man heftig konkurrierte. **Es war jedoch eine Konkurrenz, *die auf die Qualität der Ideen* zielte.** Es ging nicht mehr ausschließlich um die Maximierung von Gewinnen. Die

Verschwendung von Steuergeldern und staatliche Misswirtschaft wurde als eine Form der Korruption angesehen und geächtet. Gleichzeitig griffen kleine Schwärme netzwerkartig organisierter Unternehmer große Konzerne an. Oft gewannen sie diese Kämpfe nicht, aber der Innovationsdruck auf große Unternehmen erhöhte sich.

Endlich machte man eine Wirtschaftspolitik, die auch für Gründer, Kleinunternehmer und Mittelständler funktionierte. Es zahlte sich aus, bürokratischen Unsinn abzuschaffen und Steuersysteme zu vereinfachen. Dadurch wurde unternehmerisches Handeln erleichtert. Weniger Menschen gerieten in die Abhängigkeit der Sozialsysteme.

Man hatte gelernt, Einfluss auf politische Sphäre zu nehmen. So waren auch die ärmeren Staaten in der Lage, den Reform und Innovationsdruck zu erhöhen. So war die mediale Bühne zu einem demokratischen Instrument geworden. Im Sinne der Nachhaltigkeit zu konkurrieren war Teil der europäischen Identität geworden.

Auch die Deutschen begannen endlich damit, die politischen Konsequenzen aus ihrer Innovationsgeschichte zu ziehen. Stets waren sie talentierte Werkzeugmacher und Maschinenbauer gewesen. Ihre technischen Talente hatten sich nicht immer als ein Glück erwiesen. Das Dritte Reich war als Metapher einer Höllenmaschine im Gedächtnis der Menschheit eingebrannt.

Mit Hans Carl von Carlowitz, Karl Drais und Rudolf Diesel konnten sie jedoch auf drei Ikonen der Nachhaltigkeit zurückgreifen.

Sie sahen ihre Rolle darin, eine Kultur im Umgang mit Technologie zu schaffen. So fanden die Europäer gemeinsam von einem »**Made in Germany**«, zu einem »**Made in Europe**«.

Für eine effektive Innovationspolitik

1. Wir brauchen eine mediale Bühne für nachhaltige Ideen
2. Wir brauchen branchenspezifische Kompetenznetzwerke
3. Wir brauchen eine Organisationshilfe für Gründer
4. Wir brauchen innovationsfreundliche Organisationen
5. Wir brauchen eine Modellstadt des ökologischen Wirtschaftens
6. Wir müssen eine Kultur im Umgang mit Technologie schaffen

1. Wir brauchen eine mediale Bühne für nachhaltige Ideen

Wir brauchen Medien für den wirtschaftlich mündigen Bürger.

Dazu brauchen wir einen **lösungsorientierten Wirtschafts-Journalismus,** der nicht nur Missstände analysiert, sondern darüber hinaus aktuelle Fragen zur Nachhaltigkeit stellt. Branchen, die sich nicht ausreichend engagieren, müssen auf dieser Bühne aktiviert werden. Deshalb ist die mediale Bühne als Erweiterung der demokratischen Bühne aufzufassen. Sie ist ein Instrument, um eine destruktive Wirtschaft in ihre Grenzen zu weisen.

Das Wesen von Entrepreneurship lässt sich gut über die Innovationsgeschichte vermitteln. Folglich ist eine zeitgemäße Aufarbeitung der Innovationsgeschichte eine Kernaufgabe dieser medialen Bühne.

Innovationen haben immer soziale Auswirkungen. **Die Kernfunktion dieser Bühne ist, über Innovationen zu informieren und ihre möglichen gesellschaftlichen Auswirkungen zu reflektieren.** Die Bühne der Nachhaltigkeit muss deshalb unabhängig von Unternehmen und Parteien sein.

2. Wir brauchen branchenspezifische Kompetenznetzwerke

Was bedeutet die Nachhaltigkeit für unsere Branche?

Mit dieser Frage muss ein grundlegender Wandel eingeleitet werden. Eine Gründerkultur kann nicht ohne die Branchen selbst geschaffen werden. **Wir brauchen deshalb Labore für Entrepreneurship** in den einzelnen Branchen.

Künstler sollten sich aktiv an der Gestaltung neuer Dienstleistungen und Produkte beteiligen. Hier lassen sich zwei neue Aufgabenfelder beschreiben:

- ☐ Zum einen können Künstler Innovationsprozesse unterstützen.
- ☐ Zum anderen können sie innerhalb einer Organisation für ein innovationsfreundliches Klima sorgen.

Deshalb brauchen wir Kreative, die Entrepreneurship als elementares Prinzip der Erneuerung praktizieren.

3. Wir brauchen eine Organisationshilfe für Gründer

Die Produktionsarbeit schwindet, die Bedeutung von Wissensarbeit nimmt zu.

So lässt sich die Situation auf dem Arbeitsmarkt am kürzesten beschreiben. Entrepreneurship ist der wesentliche Faktor zur Entstehung und Erhaltung von Arbeitsplätzen. Je ausgereifter ein unternehmerisches Konzept ist, desto geringer ist das Risiko des Scheiterns. Hier muss eine Gründerkultur ansetzen!

Eine solche Gründerhilfe muss sich vom bürokratischen Stil einer staatlichen Arbeitsagentur radikal unterscheiden. Bei einer Gründung geht es um die **tatsächlichen** und nicht um die **bescheinigten** Fähigkeiten.

Eine Organisationshilfe bedeutet, einen potenziellen Gründer effektiv zu unterstützen. Neben dem unternehmerischen Konzept kommt es darauf an, die richtigen Leute zusammenzubringen.

Eine staatlich organisierte Gründerhilfe sollte sich auf die Erarbeitung eines Entrepreneurial-Designs beschränken. Diese Praxis wäre gerechter und billiger als die beliebige Ausschüttung von Subventionen.

Die Instrumente einer Gründerhilfe sind:

- ☐ Eine Bühne für neue Ideen
- ☐ Kompetenznetzwerke, die Kooperationen ermöglichen
- ☐ Auf Gründer zugeschnittenes branchenspezifisches Wissen

4. Wir brauchen innovationsfreundliche Organisationen

»Was wir brauchen ist eine Unternehmergesellschaft, in der Innovation und unternehmerisches Handeln im Sinne von »Entrepreneurship« normal ist und sich ständig und stetig vollzieht.« [48]

Die lernende Organisation, die nicht mit Abgrenzung und Erstarrung auf Wandel reagiert, sondern sich mit der systematischen Innovation auf Wandel einstellt, erfordert einen anderen Umgang mit Kreativen und Wissensarbeitern. **Jede Organisation braucht eine Kultur, um Veränderungen zu bewältigen.** Das gilt auch und gerade für staatliche Organisationen! Denn: Veränderungsresistente staatliche Organisationen vernichten Steuergelder.

Organisationen, die Entrepreneurship als ein normales Prinzip der Erneuerung praktizieren, brauchen Menschen, die das Bestehende infrage stellen und das Neue denken. Innovation muss zwar abgekoppelt vom laufenden Betrieb stattfinden, doch sie darf sich nicht von der Basis der Organisation ablösen.

Letztlich kommt es darauf an zu verstehen, dass Produktionsarbeit nur durch Innovation langfristig gesichert werden kann.

Strategien Veränderungen zu bewältigen sichert Arbeitsplätze in der Produktion.

Die Kultur in einer Organisation, die Art, wie man mit einander umgeht, ist hierbei entscheidend. Das Prinzip sowohl von Befehl und Gehorsam als auch die prekären Beschäftigungsverhältnisse sind beide denkbar ungeeignet, um eine Identifikation mit einer Organisation zu schaffen. Manager und Entscheider, die im Grunde Soldaten wollen, sind nicht geeignet, um ein innovationsfreundliches Klima zu schaffen. Wir brauchen Entscheider, die über den Umgang mit Kreativen und Innovationsprozesse Bescheid wissen.

Die Quelle der Innovation bleibt der Mensch und seine Fantasie seine Kreativität.

5. Wir brauchen eine Modellstadt des ökologischen Wirtschaftens

»Jedem, der sich bestrebt, die Wahrheit zu untersuchen und das Gute zu befördern, reiche ich freundschaftlich die Hand« [49]

Leitspruch der Familie Drais

Ein Modellland braucht ein Symbol des Aufbruchs.

Eine Modellstadt des ökologischen Wirtschaftens ist ein angemessenes Symbol. Diese Stadt muss eine repräsentative Funktion in Europa einnehmen. Sie muss *der* Ort in Europa sein, an dem nachhaltige Ideen eine Öffentlichkeit finden und präsentiert werden.

Die Nachhaltigkeit muss in dieser Stadt erlebbar sein. Ein Zugang und ein Interesse zur Innovationsgeschichte muss ermöglicht werden. Gleichzeitig muss es darum gehen, übertragbare Modelle zu entwickeln.

6. Eine Kultur im Umgang mit Technologie schaffen

»Ideen sterben immer wieder nur durch Ideen.« [50]

Wir brauchen Brücken zwischen der Welt der Kultur und der Welt der Technik. Die Technikgeschichte ist von der Kulturgeschichte nicht zu trennen. Beides sind Felder, auf die sich die Deutschen auch nach der Katastrophe des Dritten Reiches positiv beziehen können. Die Zeit der »Dichter und Denker« war auch eine fruchtbare Zeit der Erfinder. Das einseitige Geschichtsbild versperrt jedoch das Zusammenwirken von technischen und künstlerischen Disziplinen.

Die Nachhaltigkeit als eine inspirierende Erzählung zu begreifen und dieser eine Form zu geben, die einer Mediengesellschaft entspricht, ist eine Aufgabe der Kulturkräfte.

Die Geschichte der Erfinder zeigt, dass es keine seelenlose Technik gibt. Es gibt jedoch eine seelenlose und falsche Nutzung von Technologie. Der Atomausstieg war ein eigenständiger Schritt der Deutschen. Ob daraus ein nächster Schritt wird, liegt auch in der Verantwortung der Kulturkräfte. Ein Modellland, das allein auf gesetzliche Regulierung setzt, kann einen Aufbruch in eine nachhaltige Wirtschaft nicht leisten.

Verwendete Literatur und andere Quellen

ERSTER TEIL

1) Kretschmann , Winfried: Regierungserklärung; 25 Mai 2011.

2) Der SPIEGEL, 26/94

3) Drucker, Peter: Innovations-Management für Wirtschaft und Politik; Düsseldorf und Wien.

4) Lessing, Hans-Erhard: Mannheimer Pioniere; Mannheim 2007.

5) Faltin, Günter: Entrepreneurship. Wie aus Ideen Unternehmen werden; München.

5.1) Faltin, Günter: Entrepreneurship. Wie aus Ideen Unternehmen werden; München 1998.

6) McLuhan, Marshall: Die magischen Kanäle. Understanding Media; Basel 1995.

7) Hilberg, Raul: Unerbetene Erinnerung; Frankfurt am Main 1994.

8) Mailer, Norman: Oswalds Geschichte. Der Fall Lee Harvey Oswald. Ein amerikanisches Trauma; München 1995.

9) McLuhan, Marshall: Die magischen Kanäle; Düsseldorf und Wien 1968.

10) Postman, Neil: Keine Götter mehr; Berlin 1995.

11) Berg, Sibylle: Ende gut; Köln 2004, S. 26.

12) Bourdieu, Pierre: Über das Fernsehen; Frankfurt am Main 1998 .

13) Aus einem Interview mit Bob Dylan; SPIEGEL, Nr. 37 10.9.2001.

14) Wim Wenders: In einem Vortrag auf dem Filmfestival im Mannheimer Stadthaus am 24.11.2004.

15) Benz, Ute: Warum sehen Kinder Gewaltfilme? München 1998.

16) Sanders, Barry: Der Verlust der Sprachkultur; Frankfurt am Main 1995.

17) Haring, Keith: Die Tagebücher; Frankfurt am Main 1997.

18) Drucker, Peter: Innovations-Management für Wirtschaft und Politik; Düsseldorf und Wien 1985.

19) DER SPIEGEL; Nr.25, 2001

20) Faltin, Günter: Entrepreneurship. Wie aus Ideen Unternehmen werden; München 1998.

21) Fernseh-Dokumentation von Sabine Willmann. Wer sucht erfindet. Deutschland 2001/ 2012

22) Postman, Neil: Das Technopol. Die Macht der Technologien und die Entmündigung der Gesellschaft; Frankfurt am Main 1992.

23) Janssen, Horst: Hinkepott. Autobiographische Hüpferei in Briefen und Aufsätzen; Merlin.

ZWEITER TEIL

24) Plessner, Helmuth: Die verspätete Nation; Frankfurt am Main 1994.

25 und 25.1) Friedenthal, Richard: Luther. Sein Leben und seine Zeit; München 1982.

26 und 26.1) Mann, Thomas: Goethe Faust. Der Tragödie erster und zweiter Teil. Mit einem Nachwort von Thomas Mann; Frankfurt am Main 1974.

27) Mann, Klaus: Zweimal Deutschland. Aufsätze, Reden, Kritiken, 1938-1942; Reinbek bei Hamburg 1994.

28) Plessner, Helmuth: Die verspätete Nation; Frankfurt am Main 1994.

29) Graf von Krockow, Christian: Die Deutschen in ihrem Jahrhundert; Frankfurt am Main 1991.

30) Heine, Heinrich: Zur Geschichte der Religion und Philosophie in Deutschland; Stuttgart 1997.

31) Glaser, Hermann: Industriekultur und Alltagsleben; Frankfurt am Main 1994. S.16.

 Verwendete Literatur und andere Quellen

32) Heine, Heinrich: Zur Geschichte der Religion und Philosophie in Deutschland; Stuttgart 1997.

33) Glaser, Hermann: Industriekultur und Alltagsleben; Frankfurt am Main 1994.

34. und 34.1) Karl Friedrich Drais von Sauerbronn 1785-1851. Ein badischer Erfinder. Ausstellung zu seinem 200. Geburtstag; Karlsruhe 1985.

35) Heine, Heinrich: Wintermärchen; Projekt Gutenberg.

36) Heine, Heinrich: Zur Geschichte der Religion und Philosophie in Deutschland; Stuttgart 1997.

37) Spiegel TV, DVD Nr. 25, , Joseph Goebbels – Verführer im Dienste Hitlers. Erschienen: 2010.

38) Senett, Richard: Verfall und Ende des öffentlichen Lebens. Die Tyrannei der Intimität; Frankfurt am Main, Juni 1986.

39) Schiller, Friedrich: Über die ästhetische Erziehung des Menschen; Schillers Sämtliche Werke.

40) Liedfragment der Gruppe Ideal: Der Ernst des Lebens.

DRITTER TEIL

41) Drucker, Peter: Umbruch im Management. Was kommt nach dem Reengineering? Düsseldorf 1986.

42) Drucker, Peter: Umbruch im Management. Was kommt nach dem Reengineering? Düsseldorf 1986, S.43.

43) Drucker, Peter: Umbruch im Management. Was kommt nach dem Reengineering? Düsseldorf 1986.

44) Peter F. Drucker: Umbruch im Management. Was kommt nach dem Reengineering. Düsseldorf 1986.

45) Karl Lagerfeld in einer Talksendung mit Markus Lanz (ZDF 2011)

46) Drucker, Peter: Innovations-Management für Wirtschaft und Politik, Düsseldorf und Wien 1985.

47) Tom Lehrer, Liedfragment, Wernher von Braun.

48) Drucker, Peter: Innovationsmanagement für Wirtschaft und Politik. Düsseldorf und Wien 1985.

49) Hans Erhard Lessing, Automobilität, Karl Drais und die unglaublichen Anfänge.Leipzig,2003.

50) Plessner, Helmuth: Die verspätete Nation; Stuttgart, Berlin, Köln, Mainz 1974.